VOYAGE A ROME

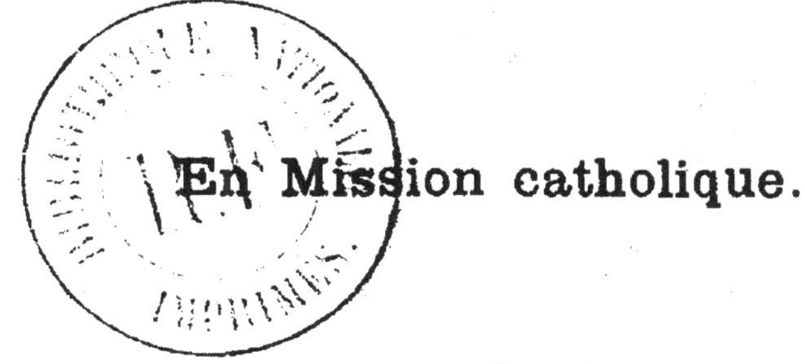

En Mission catholique.

ALEXANDRE QUENNEVILLE ET THÉODULE DUVAL

Délégués.

Neufchâtel-en-Bray

IMPRIMERIE DE TH. DUVAL,

Petite rue Notre-Dame.

—

1872.

SIMPLE AVIS.

Il ne nous était pas venu à la pensée de publier le récit de notre voyage à Rome. Nous n'avions d'autre intention que de satisfaire la curiosité des quelques personnes amies qui nous demandaient de leur faire connaître nos impressions de voyage ! Mais l'une d'elles exigea davantage : « Il ne suffit pas, nous dit-elle, de conserver plus ou moins de temps, comme sujet de conversation, le récit des faits rapportés de Rome ; vos observations sont de nature à intéresser plus de personnes que ne contient le cercle de vos connaissances : il faut écrire, il faut publier la relation de votre pélerinage, ne fût-ce que pour prouver que vous avez le courage de votre opinion, que ce que l'on appelle le respect humain ne saurait vous empêcher de confesser hautement votre foi. »

Ce fut cette dernière considération qui prévalut ; elle nous détermina à publier le récit de notre voyage à Rome.

A Sa Grandeur Monseigneur Forcade,
évêque de Nevers.

Monseigneur,

Notre pensée s'est naturellement élevée vers Votre Grandeur pour lui faire hommage de cet opuscule, qui contient la relation de notre voyage à Rome. C'est grâce à la protection dont vous nous avez honorés que nos vœux ont été remplis au-delà de nos espérances. Nous n'oublierons jamais qu'après Dieu nous vous devons, Monseigneur, toute la gloire dont nous avons été comblés. C'est encore sous l'autorité de votre nom que nous osons espérer que ces lignes, écrites pour la mémoire

d'une mère, obtiendront votre indulgence.
Puissent - elles n'être *pas jugées* indignes
des regards du prélat dont la mansuétude
gagne les cœurs, et qui sait si bien défendre
les droits de l'Eglise et la cause personnelle
de son auguste Chef.

Nous sommes, avec un profond respect,

De Votre Grandeur,

les très-humbles et très-obéissants serviteurs
en N.-S.

A. QUENNEVILLE & Th. DUVAL.

16 juillet 1872.

VOYAGE A ROME

En Mission catholique.

————

MON CHER ET EXCELLENT AMI,

Il fut convenu, il vous en souvient, lorsque nous nous sommes mis en route pour visiter la capitale du monde chrétien, que je serais exclusivement chargé de l'office de garde-notes. Notre pèlerinage accompli, afin d'en conserver le souvenir pour vous et les vôtres, vous désirez savoir comment j'ai rempli ma mission ; je ne puis mieux faire, mon cher ami, que de vous envoyer le relevé de notre carnet de voyage.

Nous avons quitté Rouen le 10 juin. Notre intention était d'arriver à Rome pour assister aux fêtes de l'anniversaire de la vingt-cinquième année du pontificat de Pie IX, de l'auguste roi de Rome, seul ayant droit de régner dans la ville éternelle et les Etats de l'Eglise comme vicaire du Christ et le représentant des intérêts du patrimoine des catholiques sur la terre. Nous étions chargés de mettre aux pieds de Sa Sainteté les félicitations et les vœux de plus de deux millions de fidèles restés attachés à la sainte cause de l'Eglise. Mais à Rome, nous avons pu faire la remarque, non sans regrets, que la députation de la Normandie, province si renommée par sa piété, n'était composée, hélas ! que des deux modestes habitants que la sincérité de leur foi seule recommandait, de deux hommes guidés par une conviction religieuse que rien ne pouvait ébranler, ni les jalousies de l'envie, ni les sarcasmes d'une prétendue philosophie.

Préliminaires. Messe au grand séminaire.

Avant de nous mettre en voyage, selon la coutume d'autrefois de sanctifier toute entreprise par la prière, nous entendîmes, dans la chapelle du grand séminaire, la messe de cinq heures du matin du vénérable supérieur de l'établissement, M. l'abbé Postel. Là, nous avons redit avec bonheur le consolant verset de la prose *Lauda Sion : Ecce panis angelorum, factus cibus viatorum !* La messe dite, le déjeuner qui nous avait été offert si gracieusement par le bon et respectable supérieur du séminaire pris à la hâte, nous nous rendîmes en toute vitesse à la gare. Déjà le sifflet de la locomotive s'était fait entendre, nous prenons nos places. Enfin, nous voilà certains qu'il sera réalisé ce pieux voyage qu'appelaient tous nos vœux.

En chemin de fer l'église de Bon-Secours.

Le premier objet qui se présente à la vue, après avoir franchi les deux tunnels, est l'église de Notre-Dame de Bon-Secours. Nous acceptons l'heureux présage ! Il prépare notre entrée dans la ville de Saint-Pierre. Nous saluons dans le silence cette église qui prendra rang parmi les édifices religieux de notre époque, puis chacun rentre en soi-même, fait mentalement la revue des souvenirs qui l'ont le plus intéressé dans le passé. C'est ainsi que

Rêveries. Souvenirs d'enfance

revint à ma mémoire, en passant près de mon

pays natal, la prophétie du bon curé de mon village : Mon enfant, m'avait-il dit souvent d'un ton plus ou moins satyrique, tu es destiné à te voir l'une des sept merveilles de *** ! Il avait raison le bon pasteur, n'était-ce pas, en effet, une chose merveilleuse que d'être au nombre des délégués chargés de porter au Saint-Père l'hommage des fidèles de la France, pays catholique par excellence ? mais la marche rapide de la locomotive, en changeant le tableau, ramenait des souvenirs différents. De Pont-de-l'Arche à Poissy, j'ai éprouvé tous les chagrins et toutes les joies de l'enfance. Les arbres de la forêt, qui fuyaient dans le lointain de toute la rapidité du chemin de fer, me rendaient à la vie champêtre... Il me semblait entendre encore le chant des oiseaux que j'avais écoutés avec délices dans mon jeune âge, sous le charme d'une douce rêverie ; chants de joie, d'actions de grâces, que je disais être, dans mon langage enfantin, les hymnes des oiseaux glorifiant le Créateur au lever du soleil. Où était votre pensée, mon excellent ami, lorsque je m'abandonnais ainsi à mes rêveries ? Elle remontait sans doute vers la tendre mère, dans le monde meilleur qu'elle habite au sein de Dieu, d'où elle pouvait vous voir accomplissant le vœu qu'elle avait fait de votre pieux pèlerinage à Rome.

Le voyage à Rome est le vœu d'une mère.

A Poissy, je vous ai fait remarquer en quelle estime saint Louis tenait cette ville ; c'était le lieu de son baptême ; il le rappelait souvent en signant *Louis de Poissy*. Précieux enseignement qui atteste le patriotisme d'un roi de France, leçon qui frappe d'autant plus que l'on est en face des désastres commis par un peuple imbécile et barbare, qui nie Dieu et renie la patrie, dont il a dévoré le sein.

Poissy. Souvenir de saint Louis.

Quel triste parcours d'Asnières jusqu'à Paris, Paris, ville maudite, qui a perdu son titre de capi-

Les ruines de la guerre civile.

tale du monde civilisé dans les étreintes des monstres qui ont détruit ses plus beaux monuments, profané ses églises, et qui ont, dans leur excès de rage et de folie furieuse, assassiné un digne prélat, mis à mort des prêtres et des magistrats, les notables habitants dont ils s'étaient emparés pour ôtages !

Au moment de quitter Paris, nous fûmes sur le point de voir retarder notre voyage. Nous avions été prévenus fort tard, mon cher Théodule, que votre passeport devait être visé par le consul d'Italie, visa indispensable pour passer les Alpes en ce temps de trouble et de perturbation. Entre l'heure fixée pour le départ du train et celle où nous prenions une voiture pour nous rendre aux Champs-Elysées à l'ambassade italienne, peu de temps devait s'écouler. Nous recommandons au cocher de nous mener le plus vite possible ; la pluie tombant par torrents, nous faisons rentrer notre automédon dans sa voiture ; il fut très-sensible à notre prévenance. Le singulier cocher que le hasard nous avait donné, il n'avait rien du cocher de fiacre, ni le ton, ni l'air, ni les manières; on aurait dit un gentilhomme qui avait perdu son blason soit par sa faute, soit par les malheurs des temps. Il avait conservé un cachet de distinction que pouvait au besoin justifier la possession de la bague magnifique dont il avait orné l'un des doigts d'une main qui paraissait avoir tenu d'autres rênes que celles des chevaux de fiacre. Sa voiture, hélas ! était peu digne. Elle portait des traces visibles de la mauvaise compagnie qu'elle avait reçue : les communeux évidemment s'en étaient servie.

Vous aviez obtenu, mon cher Théodule, le visa de l'ambassade ; mais tout n'était pas fini : il fallait retourner au consulat. Nous eûmes le bonheur de n'éprouver aucun retard dans l'expédition de

notre affaire et de pouvoir, avant de nous rendre à
la gare de Lyon, faire une station à Notre-Dame-
des-Victoires, afin de demander à la Reine du ciel
de bénir notre voyage. « Vierge protectrice des
pélerins, lui disions-nous en nos prières, vous dont
l'autel, aux beaux jours de la France, était resplendissant de lumières et de fleurs, nous n'apportons
au pied de cet autel d'autre *ex voto* que l'hommage
de deux cœurs convaincus et soumis. Que votre
sainte grâce nous accompagne pendant notre
voyage : *Ave, maris stella.* » Puis, sans plus tarder,
nous nous hâtâmes de gagner la gare de Lyon ;
nous avions grand intérêt à ne pas manquer
le train. Par lui nous devions arriver en temps
utile, afin de prendre celui qui franchit le Mont-
Cenis, mais encore fallait-il, avant de monter en
voiture, se lester confortablement en vue d'un long
trajet. Nous entrâmes à cet effet au restaurant de
la gare. Ici, nous devons consigner un avis à
l'adresse de ceux qui, comme nous, ont l'intention
d'apporter quelque économie dans les dépenses de
la route. Il est juste de faire remarquer d'abord que
l'on est très-bien servi en vaisselle plate et par
des garçons en parfaite tenue de servants, mais...
mais... quand viendra l'addition, ce maudit quart
d'heure de Rabelais, prenez garde, prenez garde
à votre bourse ! L'hôte y puise comme en une source
qui ne doit jamais tarir. — Nous partons, il était
temps ! on entendait de nouveau le sifflet de la locomotive. Nous prenons nos places des plus modestes,
et ce en vue de nous soumettre à la mortification
que tout voyageur pélerin doit s'imposer (autrefois il
faisait la route à pied), nous nous assoyons sur les
dures banquettes des 3⁰ˢ. Vous vous souvenez sans
doute, mon cher Théodule, que j'ai résisté à vos
trop vives invitations ; si j'avais cédé alors, nous

Station de dévotion à
N.-D.-des-Victoires.

n'eussions pas eu seulement le désagrément de diminuer considérablement nos ressources, mais encore celui plus sérieux de perdre une partie du mérite de notre pieuse entreprise ; un voyage en troisièmes équivaut à une marche longue et fatigante ; il n'eut pas lieu. Une heureuse circonstance nous mit en possession des secondes.

Nous avions pour compagnons de route, dans le même compartiment, deux braves gens, mari et femme, qui fuyaient Paris, non en disant comme Virgile :

Tristes récits des exploits des communeux.

Dulcia linquimus arva,

tout au contraire ils jetaient la pierre à la ville maudite dans laquelle ils avaient été enfermés pendant le siége où ils avaient vu régner l'infâme commune! Les histoires que le mari racontait excitaient plus d'horreur que d'intérét. Il est si douloureux d'être obligé de reconnaître à quelles horribles folies l'esprit démagogique peut pousser les hommes ! La paix et le calme dont ces braves gens n'avaient pu jouir aux lieux qu'ils habitaient leur étaient offerts dans notre wagon de deuxième classe. Nous vécûmes dans la meilleure intelligence pendant tout le temps du voyage faisant, ménage ensemble, en prenant toutes les précautions afin de n'être ni gênants, ni à charge à nos voisins.

J'avais d'amples provisions de bouche , des comestibles de toute sorte, œufs, poulet, et quelques bouteilles de vin d'un vieux crû. J'avais poussé la précaution jusqu'à me munir de tout ce qui était nécessaire pour faire le café sans quitter le wagon. Tout le monde s'en est bien trouvé. Pour charmer les ennuis du voyage, nous avions le chant d'un oiseau tout joyeux, quoique renfermé dans une cage que la femme de notre compagnon de route tenait sur ses genoux. Comme moi, vous étiez enchanté, mon cher Théodule, des modulations du bouvreuil, et plus encore de ce que nous racontait sa maîtresse de sa surprenante intelligence ; il pleurait, disait-elle, comme un enfant quand elle quittait la maison, et faisait de grandes démonstrations de joie lorsqu'elle revenait. Nous ne fûmes pas témoins de ces scènes attendrissantes, mais nous pouvons attester que l'oiseau eût obtenu le prix du Conservatoire, s'il eût pu faire entendre à son illustre directeur les fioritures qui, sans effort, sortaient de son gosier harmonieux. Charmant oiseau ! que n'avait pu attrister, ni la perte de sa liberté, ni les bruits de la fusillade, des bombes et des boulets, ni les cris sauvages des communeux, leurs imprécations, leurs blasphèmes, ni l'air empesté du pétrole dévorant nos monuments !

Ce n'était pas à Lyon qu'il fallait aller pour éviter le désordre, recouvrer le calme, et échapper aux excentricités d'un gouvernement révolutionnaire. Lyon était encore sous la domination de la Commune.

En descendant de wagon, nous nous dirigeâmes vers Notre-Dame-de-Fourvière qui nous apparaissait comme un phare lumineux au sommet de la colline, nous passons à travers les corbeilles de fleurs de la place Bellecour. A la vieille cathédrale élevée au pied de la montagne au-delà de la Saône, nous faisons une courte station, puis, traversant la montagne, nous arrivons à l'église de Fourvière, admirablement placée pour dominer toute la ville. L'église est surmontée, comme celle de Bonsecours, d'une magnifique statue de la Vierge. « Reine des cieux, lui disions-nous, ayez pitié de cette cité, cet autre Paris, livrée à la démagogie.

Notre-Dame-de-Fourvière est un lieu de pélerinage fréquenté par la population pieuse de la ville

Lyon.

N.-D.-de-Fourvière.

et des environs. Les messes se succèdent sans interruption à tous les autels, près desquels une foule nombreuse se presse en observant un ordre parfait, et dans un recueillement exemplaire. C'est un spectacle édifiant auquel nous avons été heureux de nous confondre.

La description de la ville de Lyon, la seconde ville de France, a été donnée par tant de voyageurs géographes ou touristes que ce serait une véritable superfétation que de la reproduire. Tout le monde sait ce que Lyon a produit de personnages marquants, deux nous intéressaient particulièrement. On le comprend, à notre titre de pèlerins, nous tenions à connaître tout ce qui avait rapport à saint François de Sales et sainte Jeanne de Chantal, fondatrice du monastère de la Visitation. En sortant de l'église de Notre-Dame-de-Fourvière, nous désirions, quoiquo bien fatigués, visiter les lieux rendus célèbres par la présence de saint François de Sales ; heureusement, nous fîmes la rencontre, en descendant la montagne, d'un ecclésiastique qui voulut bien nous guider et nous servir de cicérone.

L'ancien monastère de la Visitation, établi à Lyon par sainte Jeanne de Chantal, est aujourd'hui une caserne de gendarmerie. La petite maison du jardinier dans laquelle saint François de Sales rendit sa belle âme à Dieu n'existe plus ; une rue a été tracée sur son emplacement, et elle en a pris le nom ; aucun nom ne rappelle à un degré plus élevé la bonté, la douceur, l'indulgence, enfin toutes les vertus chrétiennes et morales. Ce devoir accompli, après avoir remercié notre mentor, nous avons parcouru la ville. Vous eussiez tenu beaucoup, mon cher Théodule, à faire une petite course sur le Rhône ; ce fleuve impétueux, qui reflète parfaitement l'image de la population, était alors presque à sec ;

nous dûmes nous borner à une petite promenade sur le quai, ce qui me mit à même de recomposer nos provisions de bouche, dont nous ne devions profiter qu'en partie, car notre précipitation à entrer dans la gare, afin de choisir notre compartiment, fut cause que je perdis l'objet essentiel, cet esprit de vin au moyen duquel nous devions obtenir pendant notre voyage deux aliments précieux, lorsque l'on ne fume pas : du café et du thé. Heureusement, il me restait encore quelques bouteilles de notre bon vin, que je fus heureux de partager sans rancune avec vous, malgré vos éclats de rire sur ma mésaventure.

En contournant Lyon, nous avions encore pour point de repère, pour guide et pour fanal, l'église de Notre-Dame-de-Fourvière, nous nous inclinâmes avec respect devant ce dernier monument de la France proprement dite, quelques heures plus tard nous étions sur le territoire de la Savoie, aspirant à pleins poumons l'air vivifiant des montagnes. Une première remarque nous frappe, c'est l'exposition de la statue de la Vierge de village en village. La statue est placée dans une tour, bâtie sur les hauteurs des montagnes. Nous murmurons tout bas ce verset de nos litanies : *Turris eburnea, ora pro nobis.* Nous voilà dans une contrée essentiellement catholique, heureuse population qui s'est vue réunie à la France avant que le chef de la nation à laquelle elle appartenait n'ait usurpé les états du Saint-Siége.

Nous cotoyons le lac du Bourget, qu'un touriste rouennais ne peut voir sans éprouver une vive émotion ; ce lac a été le théâtre d'un bien triste accident.

Une famille, qui a longtemps habité la ville de Rouen, le mari, la femme et leur fille unique, s'était embarquée sur le lac, dans une de ces barques de

promenade que l'on tient à la disposition du public
sur le rivage. Leur intention était de visiter l'abbaye
de Haute-Combe, tombeau de la famille des princes
de Savoie. Une bourrasque s'étant élevée, la barque
chavira, la jeune fille tomba dans le lac, sa mère
voulut la retenir, hélas! les deux femmes dispa-
rurent sous les eaux, sans qu'il fût possible de leur
porter secours, le mari seul fut sauvé. L'événement
ne date que de quelques années; il est encore le
sujet des conversations.

C'est à Aix-les-Bains que l'on change de voiture
pour prendre l'embranchement d'Annecy. Le trajet
est court. Nous descendons au grand hôtel de Ver-
dun, en face du lac, hôtel recommandé dans tous
les guides de voyageurs. Nous aimons à constater
qu'en effet il justifie la réclame par son confortable,
le luxe de ses appartements. A tant de bien-être,
de pauvres pélerins ne devaient pas prétendre, ils
devaient même s'en priver, mais il était tard lorsque
nous arrivâmes ; étrangers à la localité, nous ne
pouvions mieux faire que de nous laisser conduire.

Annecy.

La jolie petite ville d'Annecy est placée entre les
montagnes comme un joyau dans un écrin. Elle est
bâtie au bord du lac, et semble se mirer dans ses
eaux limpides. Cependant, toute jolie qu'elle est,
elle tient son plus beau luxe et sa grande renommée au séjour de saint François de Sales et de
sainte Jeanne de Chantal. De grand-matin, nous
nous rendîmes aux tombeaux des deux saints dont
les corps reposent dans la chapelle de la Visitation.

Cette chapelle, peu remarquable par son architecture, doit toute sa renommée aux précieuses
reliques qu'elle renferme. A la voûte du sanctuaire on a figuré deux colombes qui se rencontrent
dans un vol opposé. Poétique image du sublime
élan de deux âmes que leur élévation vers Dieu

devait réunir. Après avoir assisté à la messe et fait nos dévotions, le sacristain nous conduisit à la chapelle latérale, où sont les châsses de sainte Jeanne de Chantal et de saint François de Sales. Les ossements des saints sont conservés dans des moulures en cire, dont les figures ont été faites d'après leurs véritables portraits.

Sainte Jeanne de Chantal est couchée sur un coussin de satin blanc, elle est vêtue de la robe de velours depuis donnée par le deuxième monastère de la Visitation de Rouen. On ne peut se défendre d'une saisissante et respectueuse émotion devant cette image de la noble dame qui a tout quitté : fortune, honneurs, plaisirs du monde, pour se consacrer au service de Celui qui a créé le ciel et la terre. Sainte femme déjà si renommée par ses vertus pendant sa vie, qu'un autre saint bienfaiteur de l'humanité, saint Vincent de Paul, son directeur à Paris, n'hésitait pas à proclamer la plus grande sainte de l'époque.

La châsse de saint François de Sales est une œuvre d'art estimée, elle est sur le maître-autel ; on ne peut en voir l'intérieur qu'en montant l'escalier de la sacristie, alors on se trouve en présence du corps du saint ; il repose sur un coussin couvert d'un brocard d'or d'une grande richesse ; il est revêtu de ses ornements pontificaux en drap d'or. L'émotion que l'on éprouve est plus grande encore en songeant à tout le bien qu'a réalisé ici-bas le saint évêque ; l'histoire atteste ses hautes vertus, sa science, sa douceur évangélique. Il a rendu la religion aimable ; aussi combien de cœurs n'a-t-il pas ramenés à Dieu, combien de conversions n'a-t-il pas faites ? Nous adressons nos vœux à celui qui fut sur la terre ardent ami de l'humanité, le soutien du faible, indulgent pour tous.

Reliques de saint François de Sales et de sainte Jeanne de Chantal.

Nos stations étant faites, le sacristain nous ouvre le registre sur lequel les visiteurs sont invités à apposer leurs signatures. Nous y avons écrit nos noms à la suite de beaucoup d'autres remarquables par les titres et le rang qu'ils occupent dans le monde; en quittant la chapelle, nous sommes allés, suivant l'usage, faire notre visite au monastère. Là, nous avons reçu des mains d'une vénérable religieuse un petit reliquaire contenant une relique de saint François de Sales et un autre de sainte Jeanne de Chantal. De là, nous nous sommes rendus à la cathédrale, où saint François de Sales, exilé de Genève, avait établi son siége épiscopal. Ici, mon cher Théodule, commence la singulière aventure qui a égayé notre voyage.

Comme nous sortions de la cathédrale, nous fûmes arrêtés par cette exclamation poussée par des dames dont déjà l'air préoccupé, pour ne pas dire investigateur, nous avait frappé dans la chapelle de la Visitation : « Oh ! c'est bien lui ! » Ces dames, mises avec élégance, et paraissant du meilleur monde, nous avaient sans doute remarqué en raison de notre attitude recueillie devant le tombeau de saint François de Sales. Là, déjà l'une d'elles dans la chapelle avait jeté le même cri : « Oh! c'est bien lui. » Nous dûmes croire, sans y attacher plus d'importance, que c'était une personne qui pensait sans doute revoir quelque étranger qu'elle avait rencontré autre part, et nous nous étions éloignés sans autre explication, mais à notre sortie de la cathédrale ces dames étaient devant nous, et elles mettaient tant d'insistance à répéter cette exclamation : « C'est lui ! » que je crus devoir m'avancer vers elles, le chapeau à la main, pour les prier de vouloir bien nous faire connaître où avait eu lieu notre première entrevue. — Ma question excita plus d'émo-

on que d'embarras; après un moment d'hésitation,
'une de ces dames reprit : « Il n'y a pas assez
ongtemps que nous avons vu Monseigneur le comte
le Chambord pour ne pas le reconnaître. — Com- Le comte de Chambord.
ment ! vous prétendez, Mesdames, que je suis... —
Oui, Monseigneur le comte de Chambord que nous
sommes heureuses de revoir. » Vous rappelez-vous,
mon cher Théodule, quel élan je fis à ces mots,
vous étiez prêt à saisir une occasion de vous amuser
aux dépens de ces dames, vous aviez pris vos ta-
blettes pour inscrire leurs noms, vous auriez voulu
me retenir, mais j'échappais de vos mains, je pris
la fuite, non sans rire aux éclats du quiproquo.
Loin de les désabuser, ma fuite confirma que j'étais
bien le personnage, et elles criaient encore plus
fort : « Oui, c'est bien lui, c'est Monseigneur. »

Je croyais l'aventure terminée ; quelle ne fut pas
ma surprise, lorsqu'au déjeuner, à table d'hôte, une
autre dame, placée en face de nous avec son mari,
répéta cette même exclamation qui m'avait mis en
fuite : « Oh ! c'est bien lui ! » — Si ce n'est pas
lui, répondit le mari sans élever la voix, il lui ressemble beaucoup. Nous eussions vainement essayé
de désabuser ces braves gens, il fallut rester, jusqu'au moment de payer la carte, moi, prince, et
vous, mon cher Théodule, mon féal chancelier, un
autre vicomte d'Ambray.

Mes droits à la couronne de France ne furent
décidément perdus que lorsque nous montâmes en
wagon de 3ᵉ classe, pour Chambéry, en présence
de ces mêmes dames si persistantes à nous glorifier.
Nous ne nous étions cependant pas enfui de l'hôtel
après avoir pris notre repas, comme nous étions
sortis de la cathédrale. Avant de recommencer notre
tournée de visiteur, nous nous sommes assis sous les
platanes, devant l'hôtel, d'où nous promenions nos

regards des eaux transparentes du lac aux montagnes couvertes de neige. Là, sous le charme d'une méditation mélancolique, nous redisions le chant plaintif de Chateaubriand :

> Te souviens-t-il du lac tranquille
> Qu'effleurait l'hirondelle agile ;
> Du vent courbant le roseau
> Mobile,
> Et du soleil couchant sur l'eau,
> Si beau !

Notre dernière visite, comme notre première, devait être consacrée aux saints que nous étions venus honorer. Elle eut pour objet la maison au bord du lac, dans l'un des faubourgs de la ville, où sainte Jeanne de Chantal établit le premier monastère de la Visitation. Le personnel alors n'était pas nombreux, elle s'y installa avec deux de ses compagnes, comme elle appartenant à une grande famille : la Mère Bréchard et la Mère Favre. C'est ce monastère que saint François de Sales appelait la ruche de ses petites abeilles, la cage de ses chères colombes. Nous sommes entrés dans la petite chapelle basse où saint François de Sales reç t les vœux des trois religieuses le 10 juin 1710 ; on s'est plu à reproduire sur une draperie la modeste décoration que les religieuses avaient improvisée pour recevoir l'évêque : une tapisserie garnie de fleurs des champs, fixées avec des épingles.

Cette petite chapelle est la portioncule de l'ordre de la Visitation : Notre-Dame-des-Anges. Saint François de Sales y venait souvent dire la messe à ses chères filles. On y voit encore le même autel, la même porte rustique et la grosse clef rouillée conservée avec un soin respectueux. Ce monastère, construit par sainte Jeanne de Chantal, est occupé maintenant par les religieuses de Saint-Joseph, congrégation enseignante. La religieuse chargée de enseigner les visiteurs nous fit voir la maison et ses dépendances, elle appela particulièrement notre attention sur le verger dans lequel sainte Jeanne de Chantal gardait la vache qui alimentait le couvent ; chacune des sœurs devait garder cette vache à son tour pendant une semaine. Le jardin est toujours le même ; là, la bonne religieuse offrit à chacun un bouquet de très-belles pensées, au moment où nous nous retirions, en lui adressant nos remercîments.

Annecy n'étant pas placée sur la ligne d'Italie, nous avions dû, ainsi qu'on l'a pu remarquer, nous arrêter à Aix-les-Bains et prendre l'embranchement pour accomplir notre pélerinage à saint François de Sales et sainte Jeanne de Chantal. Il fallait donc revenir sur nos pas. Ce fut, ainsi que je l'ai dit, à la gare d'Annecy que nous redevînmes pour tout le monde ce que nous étions en effet, de modestes pélerins. Là, nous devions retrouver les inévitables dames de la chapelle de la Visitation ; elles paraissaient plus convaincues que jamais de notre déguisement. Nous étions toujours pour elles : moi le comte de Chambord voyageant incognito, et vous, mon cher Théodule, son secrétaire intime. Il est vrai que votre tenue tout-à-fait soignée de parfait gentleman pouvait justifier leur croyance. Ces dames avaient sans doute fait partager leur conviction à beaucoup de curieux et même aux employés de la gare, à en juger par l'attitude réservée dans laquelle se tenait tout ce monde, qui ne fut désabusé que lorsque l'on nous vit monter en voiture de troisième classe. Mais il n'en fut pas de même des curieux stationnant au-dehors. — Voyez, me disiez-vous, mon cher Théodule, lorsque le train se mit en marche, voyez tous ces gens accoudés sur la grille ; ce sont autant d'amis du comte de Chambord venus le saluer à son départ.

La vapeur nous emporte bien loin d'Annecy. — Annecy, délicieuse petite ville, agréable séjour, intéressant à plus d'un titre, dont nous retrouverons l'image dans nos photographies. Une heure après l'avoir quittée, nous rentrons à la gare d'Aix-les-Bains, riant encore du plaisant quiproquo qui nous avait fort amusés.

A Aix-les-Bains nous reprenons la route d'Italie ; en vingt-cinq minutes, on franchit la distance entre Aix et Chambéry. Là, il a fallu attendre deux heures le train qui va à Saint-Michel, où s'arrête le chemin de fer français. Nous avons utilisé les *deux heures de relâche* en parcourant la ville. Chambéry n'a de remarquable que le château des ducs de Savoie et sa fontaine aux éléphants ; les seuls monuments que notre piété nous fesait un devoir de visiter étaient la cathédrale et l'église Notre-Dame. Nous n'avions pas inscrit sur notre itinéraire une visite à faire aux Charmettes, en souvenir de Jean-Jacques Rousseau et de Mme de Warens. Je ne désirais pas vous faire connaître ce lieu fort triste, qu'un sentiment de curiosité m'avait porté à visiter en 1863. Nous quittons Chambéry à six heures du soir. A quelques kilomètres, on nous fait remarquer une gigantesque statue de la sainte Vierge dans la campagne : c'est Notre-Dame-de-Montmélian. Cette statue de la Vierge a été solennellement couronnée par le Saint-Père ; il s'en suivit une cérémonie magnifique qui attira un grand nombre de prêtres et de pèlerins. Depuis, le pélerinage est très-fréquenté. Nous arrivons à Saint-Michel-de-Maurienne, juste au moment de se mettre au lit.

Nous sommes dans un pays où l'on est matineux ;

la prière, qui doit toujours précéder le travail, se faisant dès l'aube du jour, nous nous levâmes à cinq heures pour pouvoir assister à la messe; on n'en dit plus après huit heures. Mais, ce jour-là, il y avait grand'messe ; c'était la fête de saint Antoine de Padoue, grand thaumaturge du nord de l'Italie, en vénération dans toute la contrée ; cette fête est célébrée avec solennité, le nombre des fidèles est considérable à l'église. J'avais cette fois un motif tout particulier d'être fervent et empressé dans mes dévotions ; saint Antoine est mon patron, et vous me disiez, mon cher Théodule, de ce ton narquois qui n'ôte rien à votre bonhomie habituelle : Vos parrains ont été bien inspirés de vous placer sous le patronage du saint que l'on invoque pour retrouver les choses perdues.

Le village ou plutôt le bourg de Saint-Michel est encadré dans la montagne, comme la plupart des communes situées dans les Alpes. L'église est au centre, au versant de l'une des montagnes; elle est très-ornée, et peut donner une idée de l'intérieur des églises en Italie. Nous avions fait le projet de gravir aussitôt la montagne, afin de jouir du panorama qui doit se développer sous les pieds, lorsque l'on est parvenu au sommet. Mais à peine avions-nous fait quelques pas que nous reconnûmes qu'il était prudent de prendre un déjeuner plus substantiel que celui offert par la source d'eau claire à laquelle nous avions abondamment puisé, à l'exemple de Gédéon. Notre excursion ne commença sérieusement qu'après un repas léger et très-frugal.

Nous voilà sur un point élevé, promenant nos regards émerveillés sur tout ce qui nous entoure : dans toutes les gorges des montagnes, un clocher pointu annonce que là est un village; sur une éminence, qui semble s'être formée en excroissance du mont prin-

Saint-Michel-de-Maurienne.

Fête de Saint-Antoine de Padoue.

La montagne.

Vues. — Paysages,

cipal, est une gracieuse petite église qui apparaît comme un jouet d'enfant sur un guéridon. Nous traversons sur un pont de chevalets le torrent impétueux qui descend du Mont-Cenis en creusant un ravin profond, des abîmes que l'œil ne peut sonder sans éprouver le vertige ; dans la vallée les eaux sont plus calmes, c'est alors une rivière qui se nomme la Maurienne. Cependant, dans ces eaux si rapides du torrent, on pêche de très-belles et très-bonnes truites qui se vendent fort cher.

Que nous étions heureux au haut de la montagne, respirant un air pur, prêtant l'oreille au concert des oiseaux qui chantaient sur nos têtes ; vous, mon cher Théodule, vous vouliez dater de là quelques mots que vous écriviez à votre excellent père, vous vous étiez assis, pour écrire, sur le tronc d'un vieux pin. Moi, je cueillais des fleurs des Alpes destinées à être envoyées en souvenir à mes amis, et lorsque je jetais les yeux sur un groupe d'habitations au pied de la montagne, les paraboles de Simon de Nantua me revenaient à la mémoire. Mais nous n'étions plus d'orgueilleux écoliers, nous n'étions que de modestes pélerins agissant en pleine liberté de cœur et d'esprit, faisant sur notre route de nombreuses stations pour admirer les œuvres du Tout-Puissant, et devant ses merveilles entonnant des actions de grâces. C'est ainsi qu'en descendant la montagne, nous chantions à pleine voix et le *Magnificat,* et les *Litanies de la sainte Vierge,* et le beau *Salve, Regina,* de la Trappe. Les montagnards qui nous écoutaient n'éprouvaient d'autre sentiment qu'une parfaite satisfaction ; ils sont accoutumés d'entendre les hymnes du Seigneur retentir dans leurs montagnes et les échos répéter les chants de piété en l'honneur de la Reine des cieux. Les montagnes, dans les parties le moins élevées, offrent de beaux

Pensées religieuses et morales.

pâturages. Quelques dispositions attestent l'intelligence des habitants ; ils ont eu soin de placer des planches sur plusieurs points pour recevoir les eaux des sources, amenées ainsi par cette sorte de drainage sur les pâturages puissamment fécondés par cet arrosage artificiel. Revenus au pied de la montagne, à peu de distance du village, nous passions près de deux jeunes filles qui cueillaient des fleurs et les réunissaient en un bouquet que la plus habile bouquetière de Paris n'aurait pas mieux arrangé : il vous prit envie, mon cher Théodule, d'avoir l'un de ces bouquets ; cette proposition, loin de séduire les villageoises, malgré l'argent que vous teniez à la main, les rendit toutes confuses ; elles rougissaient et cachaient leurs jolis visages dans leurs deux mains. Nous regrettâmes d'avoir causé si involontairement une si vive émotion, et nous nous sommes éloignés sans plus insister, tout en regrettant de n'avoir pu obtenir un de ces jolis bouquets de fleurs alpestres en souvenir de notre excursion dans les montagnes. Le dîner qui nous fut servi à l'hôtel de la Poste mit fin à nos regrets.

Fleurs des Alpes.

Voici le menu d'un dîner en Savoie :

Potage au poulet, — poulet bouilli, en guise de bœuf,—truite,—légumes verts,—rôti et dessert, le tout servi par une petite bonne dont l'air, le joli visage et le maintien décent et réservé, dont tout l'ensemble enfin, aurait offert un sujet d'étude à quelque moderne Raphaël. Elle ne manquait pas de s'informer, en relevant chaque plat, si nous l'avions trouvé de notre goût ; il était facile de s'apercevoir que la présence des deux pèlerins excitait vivement sa curiosité, elle désirait savoir qui nous étions, d'où nous venions, où nous allions. Sans complètement satisfaire sa curiosité, nous laissâmes échapper un

Le dîner.—La serveuse. L'addition.

quand nous serons à Rome ! alors par un mouvement spontané elle éleva les mains au ciel et poussa un grand soupir. Nous aussi nous avons poussé un grand soupir, mais ce fut quand l'addition nous fut remise : 17fr. pour un dîner à près de 200 lieues de Paris ! Fiez-vous désormais aux airs aimables et à la bonne foi des hôteliers des villages subalpins ! Après avoir acquitté *l'addition*, nous nous rendîmes à la gare du chemin de fer du Mont-Cenis. En même temps, entraient à l'embarcadère une dame en tenue de voyage, que nous sûmes être la baronne de P., et un ecclésiastique tenant son sac de voyage à la main. Cet excellent homme, venant immédiatement aux explications, nous dit qu'il était curé d'une paroisse du diocèse de Bordeaux. Originaire de la Savoie, il avait fait ses études à Sainte-Barbe. Il revoyait avec bonheur ses chères montagnes ; il avait comme nous fait un pélerinage à Annecy pour visiter la tombe de sa mère morte en odeur de sainteté. Nous aurons occasion de parler encore de ce bon curé, qui a été notre fidèle compagnon de voyage.

C'est toujours en éprouvant un sentiment dont il n'est guère possible de déterminer la nature que l'on monte en wagon. Un nuage passe sur l'esprit, il est bientôt dissipé à la vue du magnifique tableau qui se déroule sous les yeux. Nous voilà à Lanslebourg, l'une des stations du chemin de fer ; là on demande les passeports.

Nous n'étions plus en France, nous avions franchi la dernière limite après la station de Lanslebourg, nous sommes sur le chemin de fer du Mont-Cenis dans les états sardes. La vapeur nous transporte sur la montagne. Quel magnifique spectacle se présente à la vue !

Le chemin de fer américain est réglé sur la grande route d'Italie, dont il ne s'éloigne que pour entrer dans les tunnels rompant les courbes décrites par la grande route. A la sortie de ces tunnels, on est comme suspendu au-dessus des précipices creusés par les eaux. De l'homme qui n'éprouverait pas un sentiment d'effroi en une telle situation, il faudrait dire avec Horace :

Illi robur et œs triplex
Circa pectus erat.

Celui-là a un cœur d'acier ! On est saisi d'épouvante en sondant ces abîmes profonds, surtout lorsque la pensée effrayante d'un déraillement traverse l'esprit. Mais à l'effroi succède un sentiment non moins saisissant, celui de l'admiration. De loin en loin, dans les gorges de la montagne, nous distinguons la silhouette de quelques pauvres paysans. Alors l'imagination crée ou le souvenir reproduit ces scènes émouvantes auxquelles le cœur prend un si vif intérêt : c'est la tendre mère fesant ses adieux à l'enfant qui va quitter la chaumière pour son grand voyage de France. Elle le suit longtemps des yeux, puis, au moment où il disparaît, se jette aux pieds du Calvaire, en poussant ce cri du cœur que Siraudin a retenu pour sa plaintive romance : *A la grâce de Dieu !* Le tableau change, c'est le retour du petit Savoyard que F. Bérot a rendu si poétique :

Mes chagrins sont finis,
Je revois la montagne !

Parvenus au sommet du Mont-Cenis, au coucher du soleil (2,065 mètres), nous avons pu contempler l'un des plus brillants tableaux du grand peintre de la nature. L'astre du jour reflétait ses derniers rayons sur la cime glacée de la montagne. Les yeux sont éblouis, ce que le cœur éprouve ne saurait s'exprimer. L'âme s'élève parmi tant de merveilles attestant la grandeur de Dieu. que le travail intelligent de l'homme nous a mis à même d'admirer. On nous fit remarquer un lac d'une grande étendue. dont les eaux limpides et très-poissonneuses fournissent des truites renommées.

En Italie.

A dix heures du soir, nous étions à Suse. Cette fois nous sommes sans conteste sur le territoire italien. Après nous être conformés aux formalités d'usage, nous reprîmes le train qui nous conduisit directement et sans interruption à Turin. Il était onze heures et demie lorsque nous arrivâmes. — Notre soin le plus pressé fut de demander un lit à l'hôtel Suisse, près de la gare. Le lendemain, dès la pointe du jour, nous allions en tournée par la ville, et vous étiez, mon cher Théodule, très-agréablement surpris.

Turin.

Turin, ville moderne, est une des plus belles de l'Italie. Elle est située dans une vaste plaine, au confluent de la Doria-Risparia avec le Pô ; ses rues sont larges, garnies de belles constructions et en ligne droite, l'air y circule facilement, il y a peu de monuments. Les plus remarquables sont le palais du roi de Piémont, le vieux château sur la place et la cathédrale qui possède le suaire de N.-S. ; on ne l'expose à la vénération publique que dans les grandes circonstances comme les mariages ou le couronnement des princes. Le temple principalement vénéré est l'église appelée le *Corpus-Domini*, une des plus riches et des plus remarquables de Turin, surtout en raison de son origine et de l'événement miraculeux qui donna lieu à sa construction. Elle fut bâtie au xvᵉ siècle par le bienheureux Amédée de Savoie, archevêque de cette ville, en réparation d'un horrible sacrilége commis par un Juif. Ce Juif, pendant une nuit de juin, avait profané une

L'église du Corpus-Domini. — Son origine miraculeuse.

église voisine, en avait enlevé les vases sacrés et jeté au vent les saintes hosties.

Le voleur, dit la légende, ayant mis dans un sac les vases sacrés dont il s'était emparé, sans se douter qu'un de ces vases contenait une hostie, en chargea son cheval. Soudain un miracle s'opéra, le fardeau devint trop lourd pour l'animal ; il s'abattit. En vain, son misérable maître essaya de le remettre sur pied par l'application de violents coups de fouet, il ne parvint qu'à réveiller les voisins qui, soupçonnant qu'ils avaient à faire à un voleur, prétendirent connaître ce que contenait le sac ; il fut ouvert, on découvrit les vases sacrés ; au même moment l'hostie en sortit, s'éleva en l'air, et resta suspendue. Prévenu de ce qui se passait, le vénérable archevêque, les pieds nus, portant le ciboire, entouré de tout son clergé, se rendit processionnellement sur la place que la foule avait envahie ; là, ayant levé le corporal, on vit l'hostie descendre dans le calice. La légende ajoute : Ce fut sur la place même où avait eu lieu le miracle que l'église du *Corpus-Domini* a été édifiée en 1430, à l'endroit où le cheval s'abattit. A gauche de la grande nef, près du sanctuaire, il existe une pierre de 1 mètre 60 environ sur 80 cent. de largeur ; cette pierre est entourée d'une balustrade et porte pour épitaphe ces mots : *Hic equus, etc.*, avec la date rappelant le miracle. Cette visite à l'église du *Corpus-Domini* où nous entendîmes la messe fut notre dernière à Turin. Après un déjeûner dont une tasse de chocolat fit les frais, nous nous rendîmes à l'embarcadère du chemin de fer. Je dois ajouter que, suivant ma coutume, j'avais pris la précaution de me munir de provisions.

Nous montons en voiture, et, en prenant place dans le compartiment qui va réunir cinq voyageurs

Départ de Turin. Coup d'œil sur le trajet jusqu'à Florence.

amis, dont les liaisons se sont formées en voyage, l'un de nous s'est écrié : Enfin, nous sommes sur le vrai chemin qui mène à Rome. Aussitôt une vive émotion fait battre les cœurs. Rome, ville choisie entre mille pour être la capitale du monde chrétien ! Rome, tombée comme la France au pouvoir de l'étranger ! Rome, où un pieux devoir à remplir nous appelle. Nous profiterons des temps d'arrêt pour jeter un coup-d'œil rapide sur les grandes cités que nous traverserons : Alexandrie, Plaisance, Parme, Reggio, Modène, dont nous avons voulu goûter le vin, afin de reconnaître s'il était digne de sa renommée. Certes, le plein verre que nous présenta à la portière le garçon du buffet valait bien les 25 centimes qui nous furent demandés. La chaleur était excessive, quand nous arrivâmes à deux heures à Bologne, là on accorde 20 minutes d'arrêt ; ce n'était pas suffisant pour visiter le tombeau de saint Dominique, œuvre d'art estimée, il fallut continuer notre route pour Florence, où nous arrivâmes le soir, à huit heures.

Florence. Nous voilà à Florence, Florence, quel joli nom ! la cité des fleurs. Une ville ainsi nommée ne peut être qu'une cité charmante, et elle l'est en effet. Florence est située dans une délicieuse plaine arrosée par l'Arno, qui la divise en deux collines. On a dit que la visite de ses œuvres d'art, ses monuments, ses édifices, ses parcs, ses jardins, ses élégantes habitations, enfin de toutes les richesses artistiques et naturelles qu'elle possède, prendrait la vie d'un homme. N'exagérons pas ; il faut bien reconnaître que la visite, en effet, peut longtemps se prolonger, en raison de la longue station que l'admiration force à faire, devant chacune de ces magnificences.

A la descente de wagon, nous eûmes quelque

peine à nous débarrasser des officieux, ici désignés sous le titre de *fachini*, qui assaillent les étrangers; leur service nous était tout-à-fait inutile dans l'intention où nous étions de prendre notre logement le plus près de la gare. C'était un restaurant français ; là, nous dûmes avant toutes choses nous occuper des soins de propreté que réclamait l'état dans lequel nous avait mis un long trajet à travers la poussière soulevée par le mouvement de la locomotive et sous un ciel de feu. Puis après, profitant de la fraîcheur d'une belle soirée, nous parcourûmes en toute hâte la cité des Médicis.

A Florence, le premier édifice qui attira notre attention devait être et fut en effet la cathédrale. Je n'essayerai pas de donner la description de cette admirable église, après tout ce qui a été écrit à ce sujet. Tout a été dit sur les hardiesses du style du monument, les richesses de la construction en marbre de diverses couleurs. Nous sommes restés longtemps dans une extase contemplative sous le jour mystérieux qui éclaire à l'intérieur les splendeurs de l'adorable basilique, Sainte - Marie - des - Fleurs *(Sainte-Marie-del-Fiore)*. Nous avons fait plusieurs fois le tour du dôme qui surmonte l'édifice et du campanile qui l'accompagne, le campanile, admirable tour carrée en marbre varié, chef-d'œuvre d'élégance et de solidité du Giotto, dont la beauté est passée en proverbe ; on dit beau comme le campanile, pour lequel Charles-Quint aurait voulu un étui, afin, disait-il, qu'il ne soit montré au peuple qu'aux jours de fêtes. A peu de distance s'élève le baptistère, monument de forme octogonale, souvent décrit, dont les portes d'André de Pise et Ghibert sont citées comme un merveilleux travail. Je ne pourrais donner qu'une liste imparfaite de toutes les sculptures, les décorations,

La basilique Sainte-Marie-del-Fiore. — Le campanile. — Le baptistère.

les bas-reliefs , les statues , les tableaux de grands maîtres que renferment ces monuments et des statues qui ornent les tombeaux, les fontaines, les places publiques , les promenades , les galeries des palais princiers , ce sont autant de chefs-d'œuvre des Raphaë!, des Michel-Ange, des Benvenuto Cellini, des Léonard de Vinci, des André del Sarte.

J'avais vu en 1863 le musée de Florence, le plus riche de toutes les collections en œuvres remarquables. J'avais vu l'admirable Vierge de Michel-Ange et le beau saint Côme de Montorsoli, mais je n'ai pu revoir avec mes compagnons de voyage les galeries de Médicis, et nous avons regretté que la nuit déjà noire ne nous permît pas de nous rendre à Sainte - Madeleine , où sont déposés les restes mortels de sainte Madeleine de Pazzy , religieuse carmélite. Madeleine était issue de l'illustre famille guerrière de Pazzy. J'aurais été heureux de conduire nos amis à la maison de Michel-Ange, et de leur faire toucher, comme je l'avais fait en 1863, les palettes et les pinceaux du grand peintre, les ciseaux de l'illustre sculpteur, conservés comme reliques précieuses dans la pièce qui fut son atelier, avec quelques ébauches auxquelles la mort ne lui permit pas de mettre la dernière main.

A Florence on voit des chefs-d'œuvre, mais on y fait maigre chère, s'il faut en juger par le méchant souper qui nous fut servi, et de fort mauvaise grâce, par des gens dont la mine semblait nous dire : Vous êtes venus mal à propos nous déranger. Mais dix heures ont sonné à l'œil-de-bœuf de la salle à manger, il est temps de partir, de remonter en voiture.

Florence était notre dernier étage, plus rien à voir, il est nuit close, nous désirions choisir une bonne place pour dormir, et ne nous réveiller qu'à Rome, mais déjà toutes les places sont occupées, il faut ajouter de nouveaux compartiments, ce qui fut vite fait; mais où sont donc nos compagnons de voyage? nous avons perdu le cher abbé Marmaz. Bientôt nous le vîmes accourir les larmes aux yeux, au moment où nous nous casions tant bien que mal dans un wagon déjà en partie occupé par des voyageurs venus des points les plus opposés : Anglais, Bavarois, Suisses, Tyroliens, mais tous gens bien élevés avec lesquels on se trouvait comme en famille. La nuit se passa sans encombre, nous saluâmes l'aurore d'un beau jour, à trois heures et demie, à Foligno, 166 kilomètres de Rome. On ne s'était pas arrêté à Assisi, où se trouve la célèbre église dans laquelle est le tombeau de saint François d'Assises. Foligno est une ville d'une certaine importance, située dans une belle plaine, dont la population est industrielle et agricole ; elle possède une église non moins célèbre, l'église des Franciscains, qui contient les reliques d'un autre saint : sainte Angèle de Foligno, ville qui fut témoin de sa vie si sainte et si extraordinaire. Sainte Angèle, comtesse de Civitella, fonda en 1397 l'un des trois ordres réguliers de saint François.

Vers huit heures et demie, un jeune homme, dont la lunette interrogeait l'horizon depuis longtemps, s'écria tout-à-coup : Saint Pierre !..... On n'est pas plus ponctuel au cri de : Garde à vous ! Au même instant, toutes les têtes sont à la portière, on salue la brillante coupole, et chacun se dit avec une émotion qu'il serait difficile d'exprimer : « Voilà Rome ! »

Au cri : « Voilà Rome ! » une autre exclamation, qui décèle le saint enthousiasme qui s'est emparé des cœurs, s'échappe aussitôt de toutes les bouches : *Christus vincit, Christus regnat, Christus imperat!* Voilà la ville éternelle ! Nous approchons, déjà se dessine visiblement la merveilleuse coupole de la basilique de Saint-Pierre, qui est comme suspendue en l'air. Une seconde fois, nous traversons le Tibre, dont les eaux à la teinte rougeâtre ont un aspect désagréable, nous contournons les remparts, ils portent encore des marques très-visibles du dernier siége. La porte Pia surtout a été très-maltraitée. Puis, traversant la plaine au sud-est, les premières ruines de la Rome antique nous apparaissent : ce sont ces aqueducs que Néron avait fait construire pour amener l'eau potable à Rome.

Arrivée. Il était neuf heures et demie quand le train composé de vingt-deux wagons arriva au débarcadère. Les portières ouvertes sont autant de vomitoires d'où s'élance un essaim de voyageurs sous toutes sortes de costumes, différents de couleur et de forme. On a peine à se dégager de la foule, à sortir de la gare. En-dehors, même encombrement de spectateurs, de curieux, d'oisifs, d'officieux, offrant leurs services, non sans y mettre un prix, enfin de personnes venues pour recevoir leurs amis, connaissances. Là, se trouvaient des religieux allemands de différents ordres, qui attendaient leurs compatriotes pour les conduire aux logements qui leur avaient été préparés. Le capitaine des gardes suisses au Vatican reçut notre compagne de voyage, Mme la baronne de P***. Personne ne devant venir pour nous, nous montâmes dans un omnibus de l'hôtel de la *Minerve*, suivi de notre vénérable abbé Marmaz. Le conducteur ne nous avait pas prévenus que nous

En quête d'un logement. pourrions trouver l'hôtel envahi, il ne restait plus une seule place, pas un coin de libre, où aller ? Nous eussions été fort embarrassés, si je n'avais gardé l'adresse d'une honorable dame dont j'avais

Obligeance de la signora Rosa Mercurelli. fait la connaissance lors de mon premier voyage à Rome. Cette dame, dont l'obligeance est bien conque de tous les Français qui ont visité la ville sainte, nous reçut avec sa bienveillance habituelle. Elle était heureuse de me revoir toujours fidèle à mes convictions religieuses au moment où l'Eglise allait célébrer une de ces fêtes qui peut être citée comme un événement du siècle. L'excellente et respectable dame, la signora Rosa Mercurelli, nous fit installer dans une maison voisine de la sienne, nous recommandant à ceux qui l'habitaient. Nous dûmes considérer cette heureuse rencontre comme une faveur de la Providence, aussi fûmes-nous très-empressés de nous rendre à l'église de la Minerve pour rendre grâces à la sainte Vierge, à laquelle cette église est dédiée, de ce que nous devions regarder comme un témoignage de sa haute protection, et surtout de l'heureuse issue de notre voyage.

L'église a été bâtie sur les ruines du temple que Pompée avait fait ériger en l'honneur de Minerve. Elle appartient aux dominicains. Il serait difficile à son aspect d'avoir une idée de la richesse de l'intérieur, en décorations et en tableaux. Elle renferme le tombeau de sainte Catherine de Sienne, qui illustra le tiers-ordre de saint Dominique, et que les Romains ont en grande vénération. La sainte ramena d'Avignon à Rome le pape Grégoire XI en 1377. Cette église renferme aussi les tombeaux de trois papes et du bienheureux Ange de Fiezole, peintre dominicain connu sous le nom de Fra Angelico. Il peignait, dit-on, ses madones à genoux, tant son respect était grand pour la mère de Dieu.

Près de l'église est l'hôtel de la *Minerve*, ancien palais Conti, tenu par un Français d'origine, du nom de Saure ; il est propriétaire de cet établissement, l'un des plus beaux de Rome ; c'est là que descendent tous les évêques français.

La signora Rosa Mercurelli, pieuse dame romaine.

Revenus sur nos pas, je présentais mes compagnons de voyage à la signora Rosa Mercurelli. La signora est une marchande de chapelets qui fait un commerce considérable d'objets de piété, dont le chiffre en certaines années s'est élevé à presque un million. Elle jouit de l'estime publique en raison du bien qu'elle fait, de sa charité et de son empressement à rendre service aux étrangers. Le Saint-Père la traite avec une telle bienveillance, qu'à quelques moments que ce soit, il consent à bénir les objets qu'elle lui fait présenter. Tous les grands dignitaires de l'Eglise, je citerai en particulier Mgr de Bonnechose, l'honorent de leur confiance, et ne dédaignent pas quelquefois de la consulter. Je dois ajouter que la signora Rosa Mercurelli a en grande vénération notre éminent archevêque.

Réception de Mgr de Nevers.

Avant toutes choses, nous avons tenu à nous acquitter d'une commission dont Son Eminence avait bien voulu nous charger près d'un vénérable ecclésiastique, piazza Lancelotti, puis nous fûmes présenter nos respectueux hommages à Mgr de Nevers ; il nous reçut comme un père reçoit ses enfants, en nous disant qu'il était heureux de compter des Rouennais dans la députation française, que notre présence rappelait à son souvenir l'ancien archevêque de Rouen, Mgr Blanquart de Bailleul, digne et vénérable prélat qu'il aimait, dont il avait honoré une dernière fois la mémoire en prononçant son oraison funèbre. De son côté, le bon abbé Marmaz était allé visiter les personnes auxquelles il avait été recommandé.

Mgr de Nevers nous avait remis en nous quittant une carte d'entrée au palais Altiéri, nous engageant à y passer nos soirées, lorsque nous serions libres.

Le palais Altiéri. — Le cardinal Borromeo.

Le palais Altieri, situé sur la place du Gesu, est l'un des plus riches et des plus importants de la cité. Il est habité par le cardinal Borromeo, descendant de saint Charles Borromée. Son Eminence avait mis ses splendides salons à la disposition des députations étrangères, chargeant des membres du Cercle catholique, personnages distingués, d'en faire les honneurs, ce dont ils s'acquittaient avec une parfaite courtoisie. Nous avons souvent fait usage de notre carte d'entrée pendant notre séjour à Rome, où un accueil toujours gracieux nous a été fait, aussi bien de la part de ceux qui fréquentaient le palais que du maître de céans, Mgr le cardinal Borromeo lui-même, qui répondit la première fois à notre salut, en nous demandant des nouvelles de « Mgr Bona causa, votre éminent prélat, » nous dit-il.

Nous couronnâmes notre première journée par une visite à la basilique de Saint-Pierre, le plus bel édifice du monde entier. Quel étranger n'a pas essayé d'exprimer le sentiment de singulière admiration que l'on éprouve lorsque l'on est placé en face de ce monument sur la piazza di san Pietro, place bien disposée pour faire ressortir dans son ensemble la magnifique basilique dont toutes les parties s'harmonisent dans un ordre si parfait que l'imagination est frappée d'étonnement. On a dit dans un moment d'enthousiasme, sans doute, que nous avons nous-même éprouvé : Saint-Pierre parle au ciel et répond à la terre.

Le frontispice est un immense péristyle ci.culaire orné de deux superbes fontaines et d'un très-grand obélisque égyptien, élevé par le pape Sixte-Quint. Entrons dans le temple, admirons le maître-autel placé sous le dôme entre quatre colonnes torses de bronze doré supportant un baldaquin, ouvrage en bronze d'un poids énorme. Sous le maître-autel est la chapelle souterraine, dite de la Confession de

Saint-Pierre. Je ne pourrais citer les chefs-d'œuvre de sculptures qui partout se présentent à la vue ; les riches décorations, les ornements sculpturaux des autels, des chapelles, des mausolées des papes, les magnifiques mosaïques des grands maîtres. Les statues des saints Pères et des saints fondateurs d'ordre sont le plus en évidence. La plus remarquable est celle de saint Pierre, devant laquelle nous nous sommes inclinés pour baiser le pied, suivant l'usage.

16 juin, anniversaire du pontificat de Pie IX.

Le lendemain était le jour si vivement désiré par les catholiques fervents. Le 16 juin, jour de fête pour l'Église, pour tous les chrétiens dont les prières devaient s'élever jusqu'au ciel, rendant grâces à Dieu d'avoir permis que le règne de notre vénéré Saint-Père atteignît et même surpassât la durée du pontificat de saint Pierre, nous nous rendîmes à l'église du Gésu, que les Romains appellent brièvement *Il Gesu*, où se fêtait, avec une pompe toute particulière, la fête du Sacré-Cœur, coïncidant avec l'anniversaire du pontificat de Pie IX, ce qui rehaussait l'éclat de cette cérémonie. L'église était parée comme dans ses plus beaux jours, tendue de tentures de velours rouges à crépines d'or, sur lesquelles se reflétaient des myriades de lumières. Cette église est une des plus riches, des plus grandes, et des mieux ornées de Rome. Les dorures, les statues, les tableaux, en forment un ensemble de magnificence dont on n'a pas l'idée en France ; c'est le cardinal Farnèse, neveu de Paul III, qui la fit édifier en 1575 pour les Jésuites.

Eglise du Gésu.

Dans cette église repose le corps de saint Ignace de Loyola, fondateur de la compagnie ; le tombeau est à droite, dans la chapelle du transept, dont il serait difficile de décrire la richesse. On y voit la statue du saint soutenue par les anges et paraissant

l'élever vers le ciel. La statue a 3 mètres de hauteur ; elle est en argent massif, et la chasuble dont
elle est revêtue est bordée de grosses pierres précieuses ; au-dessus de la tête du saint on remarque
le groupe de la sainte Trinité. Le père Eternel tient
sous ses pieds une boule en lapis lazzuli, la plus
grosse et la plus belle, dit-on, qui soit connue. Sa
valeur est estimée un million !

A droite du transept, dans l'église du Gésu, et
parallèlement à la chapelle de saint Ignace, est la
chapelle de saint François Xavier, l'illustre apôtre
des Indes. On voit au milieu de l'autel un médaillon
en bronze doré et orné de reliefs magnifiqnes. C'est
le reliquaire qui renferme le bras droit du saint, cette
main qui baptisa plus d'un million d'infidèles. On estime même à plus de treize cent mille le nombre des
baptêmes qu'il administra pendant son apostolat. Ce
fait est le sujet d'un tableau dû au pinceau d'un grand
maître. Ce tableau représente le saint au moment de
sa mort glorieuse ; c'est bien l'un des plus beaux ornements de cette chapelle, qui, comme celle de saint
Ignace, renferme de grandes richesses.

Le temps fixé pour vénérer le bras de saint
François-Xavier est de midi à deux heures. Or, ce
temps, il faut une recommandation, que j'ai été
assez heureux pour obtenir en 1863.

Nous avons remarqué aussi dans l'église du Gésu
le tombeau du cardinal Bellarmin, disciple de
saint Ignace, qui fut élevé au cardinalat malgré lui
par le pape Clément VIII.

Admis dans la tribune des religieux, à la recommandation du R. P. Lorenzo, secrétaire du Révérend Père général pour les provinces de France,
nous avons assisté à la grand'messe et au salut
solennel dont elle est immédiatement suivie, et au
Te Deum papal. Ce *Te Deum* est un morceau capital

pour l'exécution comme pour la musique. Le R. P. Lorenzo, pendant la cérémonie, nous fit remarquer une dame âgée, mise fort simplement, accompagnée d'une autre dame : c'est, nous dit-il, la reine, mère du roi de Portugal. Elle habite Rome depuis longtemps ; elle vient de rendre visite à un père Jésuite portugais. L'année dernière, à pareille époque, quatre reines découronnées se trouvèrent réunies dans le même parloir, sans s'être concertées, chacune venait rendre visite à un religieux de sa nationalité ; ces nobles dames étaient : cette même reine de Portugal, la reine de Naples, la reine d'Espagne et l'ex-reine Marie-Christine, sa mère.

Nous devons au R. P. Lorenzo divers renseignements sur le célèbre établissement du Gésu. C'est le chef-lieu de l'ordre ; c'est là qu'habite le général de la compagnie, le père Beckx, qui est le plus important personnage de Rome, le plus vénéré après le Saint-Père, et le plus digne de l'être par la sainteté de sa vie. Le R. P. Lorenzo avait l'intention de nous faire visiter les lieux sanctifiés par saint Ignace et ses compagnons, mais le temps nous manqua ; la visite fut remise à un autre jour.

Tout est beau, tout est grand chez les Jésuites. C'est un hommage qu'il faut rendre à cette association qui a été dans tous les temps composée d'hommes très-remarquables, qui ont pu à bon droit se dire les instituteurs de l'humanité.

A une heure, nous fûmes reçus à l'ambassade, présentés par Mgr de Nevers avec les autres membres de la députation française. L'ambassadeur, M. le comte d'Harcourt, nous accueillit très-gracieusement ; il était heureux, nous dit-il, en s'adressant à vous, mon cher Théodule, et à celui qui écrit ces lignes, de revoir des Normands en

Quatre reines sans couronne.

Couvent du Gésu.

Visite à l'ambassade.

cette circonstance ; il aime, disait-il, notre pays, et
a conservé d'agréables souvenirs de Rouen, des
environs de Neufchâtel, et de la Normandie.

Une rencontre aussi utile qu'agréable nous attendait à la sortie de l'hôtel de l'ambassade ; le hasard
nous mit en relation avec M. le comte de Damas,
diocésain de Mgr de Nevers. M. le comte de Damas
est le fils de l'ancien précepteur du comte de Chambord. Ami d'enfance du prince, il lui est resté
fidèlement attaché. M. le comte de Damas nous
présenta à M. le comte de Villermont. Alors entouré
des membres de la deputation belge, où l'accueil
le plus sympathique nous fut fait, M. le comte nous
mit à même d'admirer un travail d'orfèvrerie d'une
rare perfection : c'est une tiare destinée au Saint-
Père. Cette tiare, éclatante de diamants, rubis,
topazes et beaucoup d'autres pierres précieuses, est
un présent offert par les dames de la Belgique. Le
dépositaire, M. le comte de Villermont, nous cita,
comme preuve de l'élan sympathique que la sous-
cription avait prise, l'envoi fait, lorsque déjà le travail était terminé, pour plus de 100,000 fr. de
bijoux. Ces bijoux ont été remis dans un écrin
ajouté à la tiare offerte au Saint-Père.

Un autre objet devait être aussi offert en présent
à l'auguste chef de la chrétienté, au nom des
élèves du collége de Gand, dirigé par les Jésuites ;
l'un d'eux était chargé d'être leur interprète. C'est un
magnifique missel dont la couverture en maroquin
rouge est enrichie de diamants et de perles précieuses ; des reliefs en or reproduisent les armoiries
du Saint-Père, avec la date du 25e anniversaire de
son règne ; au centre est figuré le Sacré-Cœur
entouré d'un semis de diamants. Nous étions encore
au salon lorsqu'on annonce Mgr de Falloux, le prélat
romain ; et plusieurs autres personnes de distinc-

Les présents destinés au Saint-Père.

tion venaient visiter les objets précieux offerts à Sa Sainteté.

Une cérémonie imposante nous apppelait à Saint-Jean-de-Latran, un *Te Deum* devait être chanté avec la même solennité qu'à l'église des révérends pères jésuites. Saint-Jean-de-Latran est la paroisse du Pape, dont il est censé être le curé. Nous eûmes quelque peine à arriver, tant l'encombrement était grand dans toutes les rues adjacentes ; on ne pourra se faire une idée, quoi que nous puissions dire, du sentiment d'exaltation qui remplissait le cœur des fidèles, de l'effet de cette masse de voix d'une assistance de 25,000 personnes entonnant le magnifique cantique de saint Ambroise. Partout recueillement profond. La fête est éblouissante ! Que serait-elle si une triste pensée ne traversait l'esprit et le cœur ? Le souverain pontife de Rome, le père de tous les chrétiens, dont le règne glorieux a atteint les années de saint Pierre, Pie IX, est captif dans son palais !

La cérémonie achevée, nous regagnons en toute hâte notre domicile par la via Argentina ; la faim nous pressait, nous étions restés douze heures sans manger.

La journée du 17 fut entièrement affectée à une revue des grands monuments qu'à la première visite nous n'avions pu voir que très-sommairement. Notre matinée est consacrée à Saint-Pierre, cette conception merveilleuse de Michel-Ange, que cette fois nous allons explorer dans tous ses détails. Nous avons soulevé le rideau de cuir qui recouvre les portes, afin de maintenir à l'intérieur la même température. Une scène ridicule nous fit perdre notre sérieux : devant le vaste bénitier du premier pilier donné à l'église par Pie IX. Une femme du peuple, trompant son mouchoir dans l'eau, était occupée à débarbouiller la figure de l'un des anges qui paraît tenir la grande coupe de ses deux mains ; pendant cette opération, un grand garçon, auquel sans doute la raison n'était pas encore venue, fustigait cet ange. Cette fois, comme la précédente, nous fîmes notre première station au tombeau du prince des apôtres.

On célébrait une messe solennelle en mémoire du Saint-Père ; la basilique est resplendissante de lumières, et les deux orchestres de la Chaire de Saint-Pierre exécutent une messe en musique. Après la messe, le *Te Deum* est chanté en grande pompe ; l'auditoire est vivement ému ; à nos côtés nous entendons des gémissements : ce sont deux dames, dont l'une est Allemande et doit, nous dit-elle, *Les dames prussiennes.* bientôt rejoindre à Ems l'empereur d'Allemagne, qui pleurent la captivité de Pie IX.

Nous fûmes bien étonnés de trouver dans une dame de la cour du terrible empereur Guillaume, dame d'ailleurs fort respectable, une aussi bonne catholique. Sur le terrain neutre ou plutôt conciliateur de Saint-Pierre, nous ne pouvions être que très-sensibles aux dispositions sympathiques de la dame prussienne ; elle répétait avec un accent très-pénétré : *Malher !* Messieurs, pour la France, *Malher !* aussi pour la Prusse.

Avant de nous éloigner de l'admirable basilique, nous croyons utile de rappeler les phases de l'édification de la monumentale église. Au xiiie siècle, le pape Nicolas V conçut le projet de construire une nouvelle église pour remplacer celle bâtie par Constantin, et consacrée par le pape saint Sylvestre, qui tombait en ruines. Une inscription indique que la grande façade a été construite par Paul V. Alexandre VI éleva les colonnades qui entourent l'édifice, et chaque pontife a apporté sa pierre au monument.

Des cinq portes du péristyle, l'une, désignée sous le titre de porte sainte, est murée; elle n'est ouverte que par le Saint-Père en personne lors des années du jubilé. On conçoit que dans cet édifice, quoique tout soit digne de l.. même admiration, la partie qui attire spécialement l'attention des fidèles est celle consacrée au grand saint à l'honneur duquel l'église a été édifiée. Nous avons déjà décrit la chapelle souterraine; la Confession de saint Pierre est au milieu de l'édifice, sous la superbe coupole autour de laquelle on voit écrit en mosaïques l'infaillible : *Tu es Petrus, etc.* Ces lettres, qui ont plusieurs mètres de hauteur, apparaissent comme les lettres d'une simple enseigne. On descend dans la chapelle par un double escalier en marbre entouré d'une balustrade circulaire autour de laquelle cent lampes brûlent nuit et jour. Un pape donna le bois d'oliviers qui fournit l'huile des lampes.

La Confession de Saint-Pierre était ornée de magnifiques guirlandes de buis entrelacées de fleurs naturelles qui répandaient un délicieux parfum, et le tombeau était orné de bouquets de fleurs également naturelles. Ces festons de fleurs odorantes au milieu des lampes d'or font un très-bel effet. Autour du tombeau une foule compacte, pieuse et recueillie est constamment agenouillée. Leurs prières s'élèvent aux cieux avec la fumée de l'encens et le parfum des fleurs. Au fond de la basilique se trouve la chaire de saint Pierre, c'est-à-dire le siège de bois où le saint apôtre s'asseyait pour enseigner le peuple. Cette chaire en bois fut conservée par les fidèles dans les catacombes. Le pape Alexandre VII la fit revêtir de bronze doré, et plaça cette précieuse relique au fond de l'abside, où elle est soutenue par quatre statues gigantesques représentant les docteurs de l'Eglise. A droite de la Confession, sur le côté de la nef, se trouve la célèbre statue de saint Pierre, en bronze, couronné de la tiare et assis sur son siége. Le bronze est celui de la statue de Jupiter Capitolin, que l'on a fondu pour faire celle du pêcheur de Galilée. Le pied de cette statue est usé par les baisers des fidèles, ce qui peut donner une idée de l'empressement des chrétiens de tous les âges à honorer le prince des apôtres. Des indulgences sont attachées au baiser du pied. On voit presque à chaque pilier le tombeau d'un pape, dont l'exécution fait l'admiration des artistes les plus distingués.

L'église Saint-Pierre possède une grande quantité de précieuses reliques, en outre le corps du saint apôtre, qui est renfermé dans la crypte de la Confession, et sur lequel s'élève l'autel papal où le Pape seul dit la messe. On y vénère une portion considérable de la vraie croix, la lance de saint Longin, qui perça le côté de J.-C., le linge de sainte Véronique sur lequel le Sauveur imprima sa face sacrée, les corps de saint Chrysostôme, saint Grégoire-le-Grand, saint Polycarpe et plusieurs reliques précieuses de tous les apôtres, le chef de saint André, renfermé dans un buste d'argent qui avait été volé en 1848. Le pape Pie IX ordonna des prières publiques pour obtenir de Dieu la grâce de rentrer en possession d'un si grand trésor ; quelques jours après elle fut retrouvée intacte, enfouie dans les environs de la porte saint Pancrace. Saint Pierre possède encore le tombeau de beaucoup de papes honorés dans l'Église.

Les piliers de la grande nef sont ornés de gigantesques statues de marbre d'une admirable exécution. Ce sont les saints illustrés par leurs travaux ou leurs vertus héroïques. J'ai remarqué qu'ils avaient été tous réformateurs ou fondateurs d'ordre.

A l'entrée, à droite, la séraphique sainte Thérèse, à gauche, son collaborateur dans la réforme du Carmel, saint Pierre d'Alcantara , puis saint Camille de Lellis, saint François d'Assises, saint Ignace de Loyola, saint Philippe de Néri, etc., etc. On remarque aussi des statues de saints dans les bras du transept. Nous n'avons pu visiter la salle du concile, elle était fermée en attendant le jour où il plaira à Dieu de l'ouvrir pour continuer les travaux de la plus sainte et la plus illustre assemblée de la terre. J'ai bien regretté, mon cher Théodule, de ne pouvoir vous faire admirer la magnifique communion de saint Jérôme qu'elle renferme, copiée sur le chef-d'œuvre du dominicain. L'original est, dit-on, un chef-d'œuvre de peinture.

La longueur extérieure de Saint-Pierre est de 219 mètres ; la longueur intérieure est de 190 mètres ; celle du transept est de 139 mètres ; la largeur intérieure de la nef principale est de 30 mètres.

Une dernière remarque à faire, c'est l'absence de la peinture dans le temple. Nous étions étonnés de ne trouver aucun des tableaux des grands maîtres, aucun des chefs-d'œuvre de Raphaël, il nous fut expliqué que la peinture ne présentait pas la même garantie de durée que la sculpture. Nous dûmes accepter cette explication , toute insuffisante qu'elle était.

Un ordre du cardinal Antonelli interdisait de monter sur la plate-forme de la basilique. Nous eussions été désireux de visiter le village établi, dit on, sur ce singulier plateau, avec la fontaine qui s'y trouve. Nous avons regretté d'être privés de la vue du panorama de Rome. L'escalier qui conduit à la plate-forme est très-étroit. On raconte que l'empereur de Russie, Nicolas, tenta vainement le passage par l'escalier, il fut pris de telle sorte qu'il ne pouvait ni avancer ni reculer, on eut toutes les peines de le dégager.

En sortant de Saint-Pierre, après un moment de repos sous les arcades, en face du Vatican, nous prîmes notre direction par la via Burgo nova, la rue du Bourg neuf, nous passâmes devant le mausolée d'Adrien, le château Saint-Ange, aujourd'hui servant de forteresse aux Italiens qui se sont emparés de Rome. Le canon du fort Saint-Ange est resté muet pendant les jours de fêtes catholiques, en d'autres temps, il les aurait annoncées à la ville par de nombreuses décharges. Cette forteresse fut nommée Saint-Ange sous le pontificat de Grégoire-le-Grand. On cite à ce propos un fait miraculeux.

Le château Saint-Ange.

Depuis quelque temps, la peste faisait à Rome d'affreux ravages. Le saint pontife ordonna des jeûnes, des prières publiques et des processions. Il porta lui-même un tableau de la Mère de Dieu peinte par saint Luc, et que l'on conserve encore avec vénération dans une église de Rome. Partout où passa la sainte image, la peste cessa. Lorsque la procession arriva au fort Adrien, on aperçut au-dessus un ange de forme humaine remettant son épée sanglante dans le fourreau, on entendit aussi des anges chanter l'antienne : *Regina cœli, lætare, alleluia*, etc. Le saint Pape répondit : *Ora pro nobis Deum*. Les historiens les plus graves rapportent ce fait. Depuis, l'Eglise chante, au temps pascal, cette antienne pour saluer la sainte Vierge. C'est en mémoire de ce fait que l'on a placé sur le mausolée un ange remettant son glaive au fourreau. Rome est la ville des miracles, et dans la ferveur de notre conviction religieuse nous disions : Heureux ceux qui croient sans avoir vu. Il faut traverser le pont Saint-Ange, jeté sur le Tibre, pour entrer dans la cité. Le pont est surmonté d'anges en marbre, de

Histoire miraculeuse.

grandeur naturelle, avec les attributs de leur hiérar-
chie ; à l'entrée du pont on remarque deux belles
statues : de saint Pierre et de saint Paul de chaque
côté.

Eglise Saint-Augustin.   Notre mission de pélerins nous conduisit à l'église
Saint-Augustin ; là est le tombeau de sainte Monique,
mère de saint Augustin , son corps est conservé
dans une urne ou vase antique qui est déposé dans
la chapelle, à gauche du maître-autel ; nous avons
fait une station devant ces précieuses reliques du
plus parfait modèle des mères chrétiennes. Le souvenir de votre pieuse mère, mon cher Théodule,
nous enchaîna au tombeau de cette sainte mère.
Sainte Monique est morte à Ostie, entre les bras de
son fils ; son corps fut rapporté à Rome pour le
mettre à couvert des ravages des Sarrazins. Notre
visite à l'église de Saint-Augustin avait non-seule-
ment pour objet de visiter le tombeau de sainte
Monique , mais encore de voir dans son ensemble
cette église réparée ou plutôt reconstruite par un
archevêque de Rouen , le cardinal d'Estouteville.
Les ouvrages de nos peintres et sculpteurs les plus
célèbres , Raphaël , Le Dominicain , Sansovino,
ornent cette église. Une statue de la Vierge, plus
grande que nature, d'un élève de Sansovino, attire
l'attention par les riches ornements en diamants et
pierres précieuses , et les *ex voto* autour d'elle suspendus ; la statue est en grande vénération. Nous
avons reçu au moment de sortir une petite image
de la Vierge distribuée par les religieux Augustins
qui desservent l'église. — L'hôtel de Mgr l'évêque
Nevers est peu éloigné de la via della Scroffa ; nous
ne pouvions être si près sans lui rendre visite. Au
moment où nous entrions, il se disposait à se rendre
au Vatican pour connaître le jour où Sa Sainteté
recevrait la députation des catholiques ; une lettre

qui nous fut remise le soir même nous annonçait
qu'il était fixé au lendemain dimanche, six heures
du soir.

Notre dernière visite nous avait amenés tout près
de Saint-Louis des Français. L'église de France à
Rome et le monastère appelaient également notre
attention ; nous savions que Mgr le cardinal de
Bonnechose en avait été le supérieur ; l'économe
du couvent se montra très-empressé de nous prouver que la mémoire de l'éminent directeur y était
vénérée ; il nous fit voir son buste en marbre, que
les membres de la communauté avaient fait exé-
cuter ; ce buste est placé dans la chambre que le
prélat occupait.

L'église de Saint-Louis a été édifiée par Catherine de Médicis avec la magnificence habituelle que
cette famille amie des arts déployait. Elle est, à
l'intérieur, revêtue de marbre et présente des
tableaux des grands maîtres ; à l'extérieur, la
façade est ornée de belles statues, entre autres
celle de saint Louis tenant à la main la couronne
d'épines. Cet emblème rappelle que ce fut ce
saint roi qui rapporta cette précieuse relique de la
Terre-Sainte; elle est déposée dans la Sainte-Chapelle
de Paris, chapelle que saint Louis fit bâtir pour recevoir ce dépôt précieux. Les dalles du temple sont
couvertes d'inscriptions en l'honneur des héroïques
défenseurs de la cause de l'Église, ceux qui ont
succombé glorieusement au combat de Castelfidardo.
Là est le tombeau du général Pimodan. Nous étions
fiers et heureux que ce soit dans une église appartenant à la France que ce martyrologe soit inscrit,
et nous avons prié pour ces braves soldats de la
foi, pour lesquels nos sympathies sont attestées par
notre voyage à Rome.

Dans la soirée, nous rendîmes visite à un vénérable prêtre français qui habite Rome depuis plus de vingt ans ; j'avais fait sa connaissance lors de mon premier voyage ; depuis, nous étions restés dans les meilleurs rapports. Nous ne fûmes pas assez heureux pour le rencontrer, nous avions laissé nos cartes, le lendemain nous avions l'avantage de le recevoir chez nous. Ce bon prêtre habite le couvent de saint Bertholomée, en l'île du Transtévère. Il est professeur et chapelain du collége français dirigé par les frères des écoles chrétiennes, il a aussi un emploi à la cour de Rome, il est très-aimé du Saint-Père ; en cette qualité il est le correspondant des évêques et de beaucoup d'ecclésiastiques. Le couvent possède une église remarquable dans laquelle est déposé le corps de saint Barthélémy, conservé dans une urne de porphyre au maître autel.

Notre compagnon de voyage, l'abbé Marmaz, avait pris sa résidence dans la maison des frères de Saint-Jean-de-Dieu, en face de l'église Saint-Barthélémy, auxquels il avait été recommandé, à cause de sa surdité, par l'archevêché de Bordeaux ; l'abbé Marmaz nous présenta au supérieur général, le vénérable père Alfiéri, excellent vieillard parlant bien le français, qui nous reçut avec beaucoup d'aménité. Il est issu d'une noble famille, la famille des Alfiéri, originaire du Milanais ; il a renoncé à tous les honneurs auxquels il pouvait être appelé, en raison de sa haute naissance, pour se consacrer au service des pauvres malades.

Notre seconde visite à Saint-Jean-de-Latran était indiquée dans l'emploi de la même journée ; nous nous dirigeâmes en conséquence vers cette antique basilique en traversant le Ghetto, autrement nommé la Juivini ; c'est le quartier assigné aux Juifs, triste et sale quartier habité par les restes d'un peuple qui a précédé tous les autres dans la connaissance du vrai Dieu, mais que le matérialisme de sa foi, son attachement aux biens de ce monde ne lui a pas permis de distinguer ce qui est la véritable grandeur, la vraie vertu, de ce qui n'emprunte son éclat et son charme qu'à l'imperfection de nos sens. Pauvre peuple que toute âme chrétienne doit plaindre, dont les yeux sont restés fermés aux vérités de la foi. Après avoir traversé le quartier des Juifs, nous montâmes la rampe qui conduit à Saint-Jean-de-Latran placé à l'extrémité du Ghetto et du Transtevère.

Deuxième visite à St-Jean-de-Latran.

Description.

Saint-Jean-de-Latran, nous l'avons déjà dit, est la métropole de toutes les églises de l'univers, comme l'indique l'inscription de la façade principale : *Ecclesia urbis et orbis, mater et caput.* C'est le siége épiscopal de l'évêque de Rome ; le nouveau pape peu de jours après son élection y vient prendre possession de son siége. Cet édifice immense comporte cinq nefs, dont la principale est ornée des statues colossales en marbre des douze apôtres, le maître autel est surmonté d'un baldaquin gothique supporté par quatre colonnes en granit ; ce baldaquin est couronné par un reliquaire qui renferme les têtes de saint Pierre et de saint Paul, la tête de saint Pancrace, les chaînes de saint Jean l'évangéliste et d'autres reliques. La table consacrée à la Cène par le Sauveur du monde est exposée à la vénération des fidèles au-dessus du maître autel avec les reliques des saints apôtres. Aux jours de fêtes, rien n'égale les richesses des chapelles de Saint-Jean-de-Latran ; ce sont la chapelle de saint André de Corsini construite par la famille du saint, la chapelle souterraine où l'on remarque un groupe de la Mère des Douleurs (*Mater dolorosa*), si habilement sculpté, si naturel,

que les larmes viennent aux yeux en la contemplant ;
c'est le chef-d'œuvre de la sculpture moderne
connu de toute l'Europe savante. Saint-Jean-de-
Latran renferme encore un grand nombre des tombeaux des papes. C'est là que furent tenus plusieurs
conciles. En sortant de la basilique, on voit à gauche
le baptistère qui fut construit par Constantin pour
y recevoir le baptême des mains du pape saint Sylvestre ; tout près est le palais de Latran, autrefois
la résidence des papes, dans lequel est un musée
contenant des statues anciennes et des objets très-
précieux : la margelle du puits de Jacob, sur laquelle
était assis le divin maître attendant la Samaritaine,
la pierre sur laquelle les soldats jouaient aux dés,
la tunique du Christ, la colonne du temple qui se
brisa à la mort du Sauveur. Notre visite de la
matinée de la troisième journée, en raison du
grand nombre des stations à faire, n'a pas été,
comme on le voit, sans fatigue.

Notre exploration dans tous ses détails de la
magnifique basilique de Saint-Jean-de-Latran avait
pris beaucoup de temps, et nous avait causé une
grande fatigue ; nous avions besoin d'un moment
de repos dont le frugal repas que nous prîmes sur
la place même de Saint-Jean-de-Latran nous fournit
l'occasion, puis nous continuâmes nos expéditions
de pélerins par la visite de l'église des quatre
saints couronnés, située sur la colline, à gauche, en
descendant vers le Forum. Elle fut construite
pour perpétuer la mémoire de ces quatre frères mis
à mort le même jour par ordre de Dioclétien ; ils
avaient refusé d'adorer les idoles. Leurs corps
reposent dans le temple. Tout près de là, de
l'autre côté de la rue, est l'église Saint-Clément ;
elle avait pour nous un intérêt particulier et un
intérêt très-grand, comme sujets du diocèse de

Rouen, puisque Son Em. Mgr le cardinal archevêque de Rouen en est titulaire, du titre de Saint-Clément.

Cette église est bâtie sur l'emplacement de la maison du saint pape, troisième successeur de saint Pierre, qui fut banni de Rome et martyrisé dans l'exil, au-delà du Pont-Euxin. Son corps a été rapporté à Rome par saint Cyrille, qui devint plus tard apôtre des Slaves, et dont les reliques, avec celles de saint Ignace, évêque d'Antioche, reposent aussi dans cette église, sous la Confession, devant laquelle plusieurs lampes brûlent nuit et jour.

L'église de Saint-Clément est une des plus anciennes et des plus curieuses sous le rapport architectural ; aussi est-elle visitée par tous les archéologues comme tous les pèlerins. La découverte récente d'une église souterraine qui remonte aux premiers siècles de l'ère chrétienne augmente la curiosité et l'intérêt des visiteurs.

L'église de Saint-Clément est desservie par les dominicains irlandais, qui nous firent un gracieux accueil quand ils ont su que nous étions Rouennais. Un magnifique portrait de Mgr le cardinal est dans cette église, posé parallèlement à celui de Sa Sainteté Pie IX. Nous fûmes heureux de voir et de saluer le premier pasteur de ce diocèse.

De Saint-Clément nous sommes allés faire une visite au Colysée, que nous avions déjà traversé, mais sans nous y arrêter. Le Colysée est le monument le plus imposant de Rome, antique par sa construction et les souvenirs qu'il rappelle. Son enceinte fut couverte du sang de plus de quarante mille martyrs. Un des plus célèbres fut saint Ignace, évêque d'Antioche, amené de cette ville à Rome pour servir de pâture aux bêtes féroces.

Le Colysée fut bâti au milieu de l'ancienne

Rome, à la place des jardins de Néron, par l'empereur Vespasien. 12,000 Juifs, prisonniers de Jérusalem, furent employés à la construction de cet amphithéâtre. Titus acheva l'œuvre de son père, il en célébra la dédicace par des jeux qui durèrent cent jours. Trois mille gladiateurs et cinq mille bêtes féroces périrent dans ces horribles fêtes. On frémit à la pensée de tout le sang qui a rougi ces arènes.

Le Colysée a 250 mètres de circonférence et 53 mètres de hauteur. On dit qu'il contenait 85,000 spectateurs. Sous le pontificat de Clément X, Saint Léonard de Port-Maurice érigea un chemin de croix qui existe encore, afin de sanctifier ce sol arrosé par le sang de tant de martyrs ; chaque vendredi de l'année un religieux franciscain vient en faire les exercices et prêcher sur la passion, au milieu de cette enceinte sacrée. Le chemin de la croix est composé de quatorze stations en pierre qui font l'effet des monuments funèbres de nos cimetières, sur lesquelles sont peints les sujets de la voie douloureuse. Chaque vendredi il y a toujours beaucoup de monde à faire les stations de ce chemin de la croix.

Nous avons visité le Colysée en le parcourant dans toutes ses parties. Ici les chambres où se gardaient les lions et les tigres, à côté des cachots où les martyrs attendaient en priant l'heure de leur sacrifice. Rien n'est plus émouvant qu'une visite solitaire au Colysée la nuit, au clair de la lune. Je me rappelais alors l'impression que m'a produite la visite que j'ai faite le 27 décembre 1863, à huit heures du soir : je fis seul le chemin de la croix, la lune était belle et le ciel d'azur ; j'avais seulement pour témoins deux soldats français qui montaient la garde à chaque entrée ; j'étais entré à

cette heure avec une permission écrite d'un officier
du poste voisin. C'était la consigne, il fallait la respecter. De cette pieuse soirée passée au Colysée, le souvenir ne s'effacera pas ; j'avais emporté de la terre de cette enceinte, dont je possède encore une partie ; j'avais dû partager l'autre avec mes amis. Nous sommes revenus souvent, pendant le cours de notre séjour à Rome, visiter ce gigantesque monument.

Tout près du Colysée se trouve l'arc de Titus, élevé pour rappeler le triomphe de cet empereur et la ruine de Jérusalem ; il est en marbre et parfaitement conservé. C'était pour nous un souvenir sacré, le témoignage irrécusable de l'accomplissement d'une prophéthie de Notre - Seigneur sur la cité déicide, lorsque, apercevant cette ville du sommet d'une colline, il pleura sur Elle en disant qu'un jour Elle serait environnée de ses ennemis, qui ne laisseraient pas pierre sur pierrre. On rapporte que le vainqueur Titus fit planter sa tente à l'endroit même où se fit la terrible prédiction dont les effets sont encore sans exemple dans l'histoire des peuples. L'arc de Titus met en mémoire une belle page de l'Évangile.

Nous sommes revenus par le Forum, en laissant à notre droite l'église Sainte-Françoise et le jardin Farnèse à gauche, et plusieurs autres églises dont la visite rentrait dans notre itinéraire ultérieur.

Le Forum romain est une grande place publique où s'assemblaient le sénat et le peuple ; là l'on décidait du sort des autres nations. Elle était le centre de la vie et la grandeur de la ville souveraine. C'est sur cette place qu'étaient réunis les édifices les plus somptueux, ornés de marbre et de statues d'une grande magnificence ; aujourd'hui elle est bien changée. Il ne reste plus que la

L'arc de triomphe de Titus.

Le Forum.

place contestée et les débris, ensevelis depuis plus de dix siècles, que l'on retire des décombres pour être déposés dans les musées. Quant à la place, elle sert maintenant de station aux bœufs qui apportent le fourrage en ville.

Nous sommes revenus chez nous en traversant le Capitole et la place du Gésu, très-satisfaits de l'emploi de notre journée. Le soir nous fîmes notre visite à la baronne ***, notre amie de voyage, pour lui rendre compte des impressions que nous avions éprouvées ; puis, nous nous rendîmes chez la bonne signora Rosa, que nous appelions, à juste titre, notre Providence à Rome.

Le 18 juin est le grand jour de notre vie, celui dont le souvenir ne doit plus s'effacer. Ce jour-là le but de notre pélerinage fut atteint et nos plus chères espérances réalisées. Nous commençons la journée par une visite au R. P. Bech, général des jésuites, auquel les révérends Pères à la résidence de Rouen nous avaient recommandé d'aller offrir leurs hommages respectueux. Le général des jésuites nous accueillit avec bienveillance : il était heureux, nous disait-il, des nouvelles que nous lui apportions, mais hélas une triste pensée affligeait son esprit, et le reportait aux lugubres événements de Paris, aux attentats des révolutionnaires, à l'horrible assassinat du vénérable Père Olivain et ses compagnons, derniers martyrs de l'Église. Ils sont au ciel, ajoutait-il, le front ceint de la couronne des confesseurs de la foi, couronne acquise au prix de leur sang. Nous partagions la douleur du vénérable religieux ; c'était un père pleurant ses enfants, il leur payait un juste tribut d'éloges, et en particulier au R. P. Olivain, dont il avait été à même d'apprécier les vertus. Nous fûmes heureux de recevoir de la main du supérieur sa photographie avec son autographe, en nous incli-

18 juin, jour de la présentation au Pape.

Visite au général des jésuites.

nant sous la bénédiction qu'il donna et pour nous
et pour les révérends Pères de Rouen. Que d'in-
justes préventions tomberaient s'il était possible à
chacun d'entrer en conférence avec les jésuites, et
surtout de voir et d'entendre leur général, cet excellent homme, si bon, si simple, auquel on a attribué
vainement d'avoir rempli un grand rôle politique
dans le monde !

Après notre visite à l'auguste général des jésuites,
nous nous dirigeâmes vers le Capitole, où nous
sommes montés, non en triomphateurs, mais en
touristes pélerins. De ce promontoire qui a dominé
le monde, il ne restait plus que quelques pans des
murailles donnant sur le forum ; à droite, près de
la citadelle, est la roche tarpéienne, réduite à la
moitié de sa hauteur primitive (50 pieds); nous
avons cueilli des fleurs sur cette roche fatale, là où
des citoyens de ce peuple libre, dont quelques-uns
avaient même rendu de grands services à la patrie,
ont subi leur arrêt de mort.

Le mont Capitolin était une des sept collines de
la grande cité ; il devait son nom à la découverte
d'une tête d'homme trouvée dans les fondements
du temple de Jupiter ; ce n'est plus l'antique *capito-
lium*, mais le campioglio, tracé d'après le plan
primitif par Michel - Ange ; il est bâti près de
l'ancien ; il se compose d'un corps de bâtiments
destinés aux sénateurs et de deux ailes, dont l'une
renferme le musée des antiques, et l'autre le palais
des magistrats municipaux. Ces édifices forment une
vaste place sur laquelle on remarque des statues
très-belles, entre autres la statue équestre de Marc-
Aurèle, en bronze doré, la plus belle de l'antiquité
que l'on connaisse, c'est un legs de la Rome antique
à la Rome moderne, plusieurs autres non moins esti-
mées, qui ne sont pas dans le même état de

conservation, entr'autres celles de Castor et Pollux.
Dans l'intérieur est la statue colossale de Pyrrhus,
le tombeau de Sévère et beaucoup d'autres morceaux
de sculpture remarquable que nous n'avons pu examiner qu'imparfaitement, sous l'impression glaciale
qui règne dans ce palais de marbre.

L'église du Capitole est Sainte-Marie in-ara-cœli,
élevée sur l'emplacement du temple de Jupiter
capitolin, dans laquelle l'empereur Auguste fit
élever un autel à l'Enfant-Dieu qui devait naître
d'une vierge.

Cette église appartient aux franciscains ; on y
monte par un escalier de marbre blanc composé de
124 marches. Elle a trois nefs belles et spacieuses,
autour desquelles il y a un grand nombre de chapelles ornées de tableaux et de peintures remarquables. Nous avons vénéré les reliques de sainte
Hélène, mère de Constantin, déposées dans une
urne de porphyre. On admire surtout le plafond de
l'église, qui fut doré aux frais de la ville, en actions
de grâces de la bataille de Lépante, remportée
sous le pontificat de saint Pie V, et qui abaissa
l'orgueil des Turcs. Le couvent est contigu à l'église ;
c'est la demeure du général des franciscains
chef de l'ordre. Nous sommes allés le saluer et
remplir un mandat qu'on m'avait confié en France
auprès de lui. Nous fûmes introduits dans son
cabinet par un des pères secrétaires sachant la
langue française. Le R. P. général nous accueillit
avec une grande démonstration de joie, comme
Français et comme ami des franciscains ; le Père
n'est âgé que de 45 ans environ, d'une grande
douceur dans le langage ; il ressemble par sa physionomie et son attitude simple et modeste au portrait
qu'on fait du patriarche d'Assises. Il entend parfaitement le français, mais il le parle difficilement ;

il est très-gracieux et très-aimable ; il m'offrit un paquet contenant plusieurs reliques des saints de l'ordre séraphique, et entre autres une précieuse relique de la vraie Croix avec authentique. Je n'aurais jamais osé espérer autant de bonheur. Il nous fit visiter tout ce qu'il y avait d'intéressant pour nous dans le couvent : la chambre qu'avait occupée saint Didace avant son départ pour les îles Canaries. Cette chambre est convertie en chapelle magnifique et conservant le Saint-Sacrement ; elle est ornée de belles peintures rappelant la vie du saint dont on fait la fête le 12 novembre dans toute l'Église ; la cellule de saint Bernardin de Sienne et de saint Jean de Capistran, tous deux célèbres par leur vie apostolique et les miracles qu'ils ont opérés.

Le guide religieux nous fit visiter la bibliothèque remplie d'un grand nombre de précieux volumes. On a de cette salle une magnifique vue sur Rome.

Ensuite il nous introduisit dans la sacristie pour y vénérer le saint Bambino (enfant Jésus), qu'on y garde précieusement, et pour lequel les Romains ont une grande dévotion. *Il santissimo Bambino.*

Le R. Père, s'étant revêtu d'un surplis et d'une étole, alluma deux cierges et fit une prière que nous répétâmes avec lui, et présenta à notre vénération la petite statue miraculeuse en si grande vénération dans Rome.

Cette statue de l'enfant Jésus a environ 50 centimètres de hauteur ; nous fûmes éblouis de la richesse des langes et de l'éclat de la couronne. On ne voit que la figure, qui est peinte. Saint Bambino fut fait de bois d'olivier du jardin des Olives, par un religieux français, et envoyé de Jérusalem à Rome. On cite de nombreux prodiges opérés par l'attouchement de la statue, ce qui lui attire une nombreuse vénération, augmentée par ce fait qu'une légende rapporte, et que voici :

La légende.

On porte fréquemment le saint Bambino aux malades qui demandent à le toucher et à le vénérer ; une dame, depuis longtemps malade, le fit demander, avec l'intention de le garder chez elle et de substituer à sa place une autre statue pareille, qu'elle avait fait copier avec soin. Elle demanda à le garder quelques heures, afin d'opérer plus facilement sa substitution, qui se fit en apparence. Elle avait fait déposer la statue dans une chapelle préparée à l'avance. Mais à son grand étonnement le saint Bambino disparut et revint seul au couvent à la nuit. Les cloches de l'église, réveillant les religieux, annoncèrent son arrivée. Je ne donne pas ceci comme article de foi, mais comme on le raconte à Rome, ville des mira les par excellence.

Nous avons assisté à la grand'messe dans l'église de sainte Marie de l'Ara-Cœli. Tout près du couvent

Prison dans laquelle furent enfermés saint Pierre et saint Paul.

établi dans les flancs du mont Capitole, se trouve la prison Mamertine, dans laquelle saint Pierre et saint Paul ont été retenus pendant neuf mois captifs et enchaînés à une colonne que l'on voit encore au fond du cachot, à 25 mètres sous le sol, jusqu'au moment de leur martyre. En descendant l'escalier dans le roc, on est surpris de se trouver en face du masque de saint Pierre, imprimé sur l'un des pans de la roche ; il est recouvert d'un treillage, afin de le préserver de dégradation. Nous avons demandé une explication à ce sujet, et voici ce qui nous fut répondu :

Lorsque saint Pierre fut reconduit dans la prison d'où il avait pu s'échapper une première fois, les geôliers le maltraitèrent violemment en descendant l'escalier, et le poussèrent si brutalement que sa tête donna contre la pierre qui, devenant tout à coup aussi molle que la cire, reçut l'empreinte de la figure du prince des apôtres. La colonne où fut attaché saint Pierre est entourée d'une grille ; elle est ainsi défendue de toute approche ; mais cette disposition ne la dérobe pas aux baisers des pélerins. Au pied de la colonne, on nous fit remarquer la source miraculeuse qui jaillit à la prière de saint Pierre pour baptiser ses géôliers saints Processus et Martinien et 47 autres prisonniers couronnés comme lui des palmes du martyre. L'eau de cette source est toujours limpide et pure. Nous en avons bu dans le creux de la main, et j'en ai emporté pour plusieurs familles de Rouen ; elles en font usage pour le baptême de leurs enfants.

Dans la chapelle, dont l'intérieur de forme irrégulière a 4 ou 5 mètres de longueur sur 3 de large, et un plafond auquel on touche avec la tête, tout est fort simple, sans autre ornement qu'un autel en marbre ; on ne conserve aucun tableau, à cause de l'humidité. Elle a été restaurée par Mgr Forbin Janson, évêque de Nancy. Voici dans quelle circonstance : le prélat, étant aveugle, y fit un pélerinage et recouvra la vue en baignant ses yeux dans l'eau de la fontaine miraculeuse, et depuis il y vint souvent dire la messe. Jugurtha avait, dans cette prison où il mourut de faim, précédé les martyrs de l'Eglise.

De l'église de l'Ara-Cœli nous sommes allés à l'église Saint-Luc, située au pied de la prison de saint Pierre. Cette église, une des plus anciennes de Rome, est dédiée à sainte Martine, vierge et martyre au IIIe siècle ; elle est une des patronnes de Rome, où elle naquit et mourut. Le corps de la sainte Romaine est conservé dans une somptueuse chapelle souterraine. Le sacristain, en nous y conduisant, nous fit remarquer l'emplacement de plusieurs cerceuils. C'est là, nous dit-il, que furent trouvés les corps de saint Martinien, de saint Concorde et de saint Épiphane, qui ont été probablement les compagnons de son martyre. Tous deux souffrirent aussi les plus affreux supplices pour la foi. Comme nous ne parlions pas très-bien l'italien, nous ne pûmes avoir de renseignements précis de notre conducteur. Tout près de l'église est l'académie des Beaux-Arts, dite de Saint-Luc, fondée sous le règne de Sixte V. On voit dans les salles de l'académie les tableaux les plus remarquables de diverses écoles. Raphaël y laissa son portrait ; sa figure angélique est d'un admirable effet en peinture. J'ai depuis cherché à Sainte-Marie-des-Martyrs et au Panthéon le tombeau de ce peintre inimitable, éteint à la fleur de l'âge, merveilleux génie que nul autre encore n'a égalé, j'ai trouvé la pierre qui recouvre les restes de Raphaël. Nous traversâmes le Forum pour aller visiter le jardin Farnèse où le palais des Césars, qu'avait acheté Napoléon III, pour y faire des fouilles (il l'a cédé depuis à Victor-Emmanuel). Nous le parcourûmes dans tous les sens : il est parfaitement soigné et rempli de magnifiques aloès, de youkas, comme je n'en avais jamais vus. Nous visitâmes les chambres souterraines et les ruines du palais des empereurs romains ; on ne rencontre partout que colonnes brisées, chapitaux et marbres, statues mutilées et rangées soigneusement. Des hommes sont préposés à la garde de tous ces débris, que chaque visiteur désire emporter comme souvenir. Il y a dans ce jardin de magnifiques cascades et de beaux jets d'eau, bassins ; nous avons bravé une chaleur tropicale et courageusement supporté le siroco qui soufflait avec violence ; mais notre exploration a été complète. Nous retournâmes chez nous à l'heure du dîner et pour tout préparer, c'est

Académie des Beaux-Arts. — Portrait de Raphaël.

Le jardin Farnèse. — Palais des Césars.

à-dire procéder à la toilette, afin de nous rendre au Vatican à l'heure du rendez-vous. Le costume obligé est : habit noir, pantalon noir, gilet noir, cravate noire ou blanche, et pas de gants, telle est l'étiquette ; c'est dans cette tenue que l'on se présente devant le Pape. Une voiture en dix minutes nous rendit au palais.

Les gardes-suisses nous conduisirent de l'escalier du Vatican dans la salle des princes ; là, les membres de la députation française étaient déjà réunis (*), et Sa Grandeur Mgr l'évêque de Nevers, notre introducteur, nous fit placer à côté de plusieurs personnages que nous avions rencontrés chez M. l'ambassadeur de France.

Peu de temps après notre entrée dans cette salle, le Saint-Père fit demander Mgr de Nevers pour lui remettre une croix magnifique en pierres précieuses d'une grande valeur ; ajoutons ici que quelques jours plus tard Sa Sainteté voulut bien doubler le prix du présent en portant elle-même cette croix pendant la messe à laquelle Mgr de Nevers assistait avec les prêtres de son diocèse qui l'avaient accompagné à Rome, puis il la passa de ses propres mains au cou de Sa Grandeur. Mgr de Nevers, en revenant à nous, nous fit voir le riche cadeau. Cette croix avait été offerte au Saint-Père, et dans sa bonté toute paternelle il l'offrait à son tour. À peine quelques instants s'étaient écoulés qu'on annonça l'arrivée du Saint-Père, qui bientôt fit son entrée dans la salle d'un pas leste et léger, et monta sur son trône. Quel moment solennel pour les fidèles de toutes les nations dont le cœur était

Présentation de la députation des catholiques par Mgr de Nevers.

(*) Le journal l'UNIVERS du 26 juin donne les noms des membres de la députation ; après ceux des dignitaires de l'Église et du monde, viennent les noms des deux délégués de la Normandie, MM. Quenneville et Th. Duval.

rempli de la même émotion qu'éprouva le patriarche saint Siméon lors de la présentation de Jésus-Christ au Temple ! Nous étions en présence du vicaire du Christ, du père des chrétiens, toujours affable, bienveillant, au sourire plein de bonté, que n'avait alterré ni les soucis de la royauté, les soins de ses peuples, les préoccupations, ni les amertumes dont il fut abreuvé.

M⁵ʳ de Nevers lut l'adresse des fidèles catholiques, que nous étions chargés de présenter. Le Saint-Père en écoutait la lecture avec beaucoup d'attention, approuvant par un signe de tête ou de la main, plusieurs fois même en levant les yeux au ciel, puis, lorsque la lecture fut terminée, il se leva, la main pressant le cœur, et par une allocution touchante il répondit à notre adresse. Noble et simple langage que nous n'oublierons pas. Il pleurait sur la France et sur ses désastres, ses malheurs, ses erreurs coupables. Ces paroles, comme des grains d'or, tombaient de la bouche du Souverain Pontife. Il me semble l'entendre encore, il me semble que je pourrais reproduire ce discours tout entier, resté dans ma mémoire ; mais comment rendre l'accent pathétique et solennel du pieux et sublime orateur !

Allocution du St-Père.

« La cause de tous nos maux, disait-il, est l'in-
» tervention d'une prétendue philosophie dans l'en-
» seignement religieux, essayant de transformer le
» culte catholique en doctrine libérale, la dépouillant
» ainsi de son caractère divin et sacré. Le catholi-
» cisme libéral est le mal le plus grand de tous.
» Les communeux, qui ont voulu anéantir la capitale
» de la France, sont moins à craindre que ces pré-
» tendus philosophes ; ceux-là sont connus, ce sont
» des démons sortis de l'enfer, dont on a pu se
» rendre maîtres ; mais ceux-ci, comment les nom-
» mer ? le mot français ne vient pas à ma pensée,

» ceux-ci *bascoulent* (le Saint-Père indiquait du geste
» la signification du mot), ceux-ci bouleversent,
» prétendant concilier ; c'est renverser notre sainte
» doctrine, je vous le dis, mes enfants. »

Je vais rapporter les termes de sa bénédiction
plus exactement que ne l'ont fait certains journaux ;
je crois que mes souvenirs ne me tromperont pas.
Le Saint-Père nous dit :

« Je vais vous bénir, je vais bénir vos épouses,
» vos enfants, vos amis. Je vais bénir ceux qui vous
» ont prié de demander pour eux la bénédiction du
» Pape, je vais bénir ceux qui la désirent; que ma
» bénédiction vous accompagne tous dans les mo-
» ments difficiles de la vie, qu'elle soit avec vous à
» la mort dans les derniers combats, qu'elle reste
» avec vous pour vous conduire à la vie éternelle. »
A ces dernières paroles, nous étions tous tombés à
genoux, afin de recevoir cette précieuse bénédiction
pour nous et pour la France à laquelle l'auguste
Pontife l'a donnée également. Nous nous relevâmes
en criant : *Vive le Pape-Roi !* Vous comme moi,
comme tous ceux qui étaient avec nous, mon cher
Théodule, nous pouvons protester que jamais plus
douce émotion, joie plus pure n'inonda le cœur d'un
chrétien.

Mgr de Nevers demanda pour nous la faveur d'être
admis au baisement du pied. Elle nous fut accordée
de bonne grâce, et chacun se prosterna aux genoux
du Saint-Père qui, au même moment, présentait d'une
main son anneau à baiser et de l'autre remettait à
chacun des membres un écrin en maroquin rouge
revêtu de ses armoiries en or et renfermant une
médaille de bronze rappelant la vingt-cinquième
année de son pontificat.

A genoux aux pieds du Pape, nous avons pu
encore lui parler, lui faire nos petites confidences,

et recevoir une bénédiction nouvelle, intime, et déposer à ses pieds les sommes assez considérables que nous étions chargés de lui remettre ; deux camériers recueillaient ces dons.

J'avais aussi à remettre deux offrandes bien simples, mais bien touchantes, et qui durent avoir un grand prix aux yeux de Dieu.

L'offrande du pauvre.

La veille de mon départ, un pauvre aveugle de notre établissement vint me trouver et me prier de me charger de son offrande au Pape, pour lequel il serait prêt à donner sa vie. C'étaient deux pièces de 50 centimes, fruit de ses épargnes et de ses privations. Je lui promis qu'elles iraient aux pieds du Saint-Père, si j'avais le bonheur d'en approcher, et je lui tins parole.

Une pauvre femme de la ville qui n'avait que son anneau en or pour toute richesse me fit prier de l'offrir au Saint-Père. — Une autre personne vint m'apporter toutes les pièces du Pape qu'on possédait dans sa maison ; il y en avait pour 50 fr.

D'autres personnes m'avaient apporté des sommes plus importantes.

Toutes ces offrandes furent déposées aux pieds du Saint-Père, ainsi que je l'avais fait espérer. Je recueillis en échange une bénédiction pour le pauvre comme pour les riches.

Deux millions de signatures sur l'adresse au Pape.

M^er de Nevers dit alors au Pape que l'adresse contenait plus de deux millions de signatures. Pie IX le remercia avec effusion et sortit de la salle après avoir béni les objets de piété que nous tenions dans des boîtes à nos mains.

Je dois consigner ici un fait antérieur à notre voyage à Rome :

Une pauvre servante, morte au mois d'août dernier, m'avait donné 20 fr. pour offrir au Souverain-Pontife. Deux jours avant sa mort, je fus la voir, car elle était malade depuis quelque temps, elle me dit : Quel bonheur de vous voir ! Puis, recueillant ses forces affaiblies, elle ajouta : Après ma mort, on vous remettra une somme pour le Souverain-Pontife. En effet, quelques jours après on m'apportait une somme de mille francs que cette pauvre fille économisait depuis longtemps pour le bien-aimé Pie IX. Je l'ai fait remettre à l'archevêché pour être envoyée à Rome. Cette bonne fille avait recommandé de taire son nom ; elle ne voulait être connue que de moi seul.

Elle donna aussi 1,000 fr. pour la propagation de la foi.

Lorsque le Saint-Père fut rentré dans ses appartements, l'animation de l'assemblée devint plus bruyante, de vives colloques s'établirent entre les délégués ; nous étions toujours sous l'empire d'une vive émotion, et chacun essayait de rendre compte de ses impressions, d'expliquer l'effet que le discours du Pontife-Roi a fait sur son cœur et sur son esprit. L'expression de noble gravité, de tendresse et de bienveillance dont la belle figure du saint patriarche était empreinte, nous avait tous frappés, et nos yeux se mouillaient encore de douces larmes en souvenir de l'allocution si touchante prononcée de cette voix pénétrante dont le son était resté dans nos oreilles.

A l'issue de cette conférence, la députation fut invitée à présenter ses hommages au cardinal Antonelli. Nous montâmes à ses appartements. Ils sont au-dessus de ceux du Pape.

M⁁ʳ l'évêque de Nevers, en nous présentant à Son Eminence, lui adressa quelques paroles de félicitations et de compliments auxquelles le cardinal répondit avec le tact et son habileté habituelle. Il nous dit qu'il prenait une bien large part aux malheurs de notre chère patrie, et qu'il priait comme le Saint-Père chaque jour pour elle. Il témoigna une grande sympathie pour la France, déplora ses revers. Il adressa ensuite quelques paroles à plusieurs délégués, et nous donna à chacun une affectueuse poignée de main. Nous étions restés les derniers ; vous aviez, mon cher Théodule, quelque chose de particulier à dire au cardinal, vous aviez à le remercier d'avoir bien voulu être l'interprète auprès de Sa Sainteté, afin d'obtenir la bénédiction apostolique *in articulo mortis* pour votre vénérable mère. Pardonnez-moi, mon excellent ami, si je rappelle ici cette triste circonstance qui réveillera votre douleur. Le cardinal vous fit remarquer que déjà il avait reçu vos remerciements ; il n'avait point oublié la lettre de Neufchâtel, dans laquelle vous lui exprimiez votre reconnaissance. Il voulut bien encore se charger de demander une bénédiction particulière au Saint-Père pour le second monastère de la Visitation de Rouen.

Le cardinal Antonelli est presque septuagénaire. Il est doué d'une grande énergie et d'une rare perspicacité pour les affaires politiques ; il est bon et courtois, mais ferme quand les circonstances l'exigent. C'est le ministre dévoué à Pie IX.

Le cardinal a des ennemis ; c'est le sort ordinaire des hommes que leur position met le plus en evidence. Je proposai ensuite de saluer Mgr Ricci, maître du palais de Sa Sainteté. Nous nous présentâmes tous deux à ce prélat, qui fut flatté de la démarche de deux membres de la députation française, et surtout de deux diocésains de Mgr le cardinal de Bonnechose. Il nous reçut avec une courtoisie parfaite. Mgr Ricci est un jeune prélat d'environ 35 ans, très-aimable et très-obligeant, aussi je n'hésitais pas à le prier de nous rendre le signalé service de demander pour nous au Saint-Père la faveur insigne d'assister à la messe dans sa chapelle privée et de communier de sa main.

Tout en nous faisant observer que ce serait une grâce toute exceptionnelle et une faveur extraordinaire en ce temps où le Saint-Père était si préoccupé, où l'on devait apporter une si grande prudence dans les réceptions des étrangers au Vatican, il voulut bien néanmoins aller trouver le Saint-Père, dont nous n'étions séparés que par deux appartements, pour lui exposer nos vœux. Après dix minutes d'absence, il revint vers nous le visage riant et nous dit : Messieurs, le Saint-Père vous accorde la faveur presque exclusive que vous sollicitez d'assister à sa messe et d'y communier. Il vous recevra après-demain mardi ; vous viendrez ; il dit sa messe à sept heures et demie. La réponse du Saint - Père nous causa une douce joie ; le plus cher de nos vœux allait être rempli. Les expressions nous manquaient pour remercier notre bon avocat, qui paraissait aussi heureux que nous d'avoir réussi dans sa mission, et si la traduction de notre gratitude *eût été libre,* nous l'aurions embrassé. Mgr Ricci poussa la bonté jusqu'à venir nous conduire et donner les ordres pour qu'on nous laissât entrer le mardi matin.

Les gardes-suisses répondirent aux ordres de Mgr Ricci en courbant leur hallebarde et en portant la main à leur chapeau. Nous sommes allés ensuite faire notre visite officielle à Mgr l'évêque de Nevers et à Mme la baronne de Portzampare, puis nous fûmes passer quelques instants au palais Altiéri, où nous devions retrouver nos compatriotes, et dont nous désirions connaître les réflexions sur le saint Pontife et sur sa condamnation du libéralisme. A la place du Gésu, nous rencontrâmes deux jeunes prêtres faisant partie de la députation de Bologne ; nous reconnaissant pour deux membres de la députation française, ils nous serrent les mains, nous pressent dans leurs bras avec démonstration de vives sympathies, et nous donnent l'accolade fraternelle ; ils nous disaient : Vous êtes Français, bons Français, nous vous aimons, nous aimons la France malheureuse, et nous prions pour vous et pour elle. Ils n'ont cessé de nous combler de témoignages d'affection ; ils nous ont accompagnés jusqu'au palais Altiéri.

Là ils nous ont quittés en nous remettant ieurs cartes et en nous faisant promettre d'aller les voir. Ils nous avaient fait l'effet, pendant un moment, de deux anges descendus du ciel pour nous servir de guide. La gracieuseté et l'amabilité de ces deux jeunes ecclésiastiques nous avaient charmés. Lorsque nous nous présentâmes au palais Altiéri, la réunion était solennelle et très-brillante. Le cardinal Borromeo avait voulu présider lui-même l'assemblée et faire les honneurs de son palais par un accueil aimable et attirant. A dix heures nous quittâmes la réunion, emportant le souvenir d'une journée que l'accomplissement de nos devoirs avait comblée de bonheur.

Le 19 juin nous avons assisté à la messe dans la chapelle Mamertine, autrefois la prison des saints apôtres Pierre et Paul, que nous avons déjà décrite. Là, nous avons été admis à la sainte table. Elle était célébrée par un ecclésiastique belge, prêtre très-distingué, ayant le titre de camérier secret de Sa Sainteté ; il faisait partie de la députation chargée d'offrir au Saint-Père la belle tiare dont nous avons donné la description. Sur la route que nous devions suivre, nous nous sommes arrêtés devant l'arc de triomphe de Septime Sévère, au pied

du Capitole. C'est un des monuments les mieux
conservés ; il fut construit de marbre grec en
l'an 205 de l'ère chrétienne ; les colonnes sont
d'ordre composite. On remarque encore sous cet
arc les larges dalles de la voie sacrée par laquelle
passaient les triomphateurs pour arriver au Capi-.
tole. Des fouilles aux environs ont amené la
découverte d'une certaine quantité de chapiteaux ;
des colonnes brisées gisant au pied de l'arc de
triomphe. Non loin est l'église Saint-Théodore,
édifiée au viii° siècle par le pape Adrien I⁰, en
mémoire de l'intrépide martyr. C'est un édifice
rond, bâti avec les débris du temple de Vesta. En
suivant l'avenue du Colysée, on passe devant l'église
de Saint-Côme et Saint-Damien, tout près des
ruines de la basilique de Constantin. Cette église a
l'aspect des anciens monuments païens ; elle fut
construite au vi° siècle par saint Félix ; les colonnes
du portique viennent, dit-on, du temple de
Romulus et Rémus , les fondateurs de Rome.
Quelques auteurs prétendent que c'était le temple
depuis élevé par Titus. L'église souterraine renferme
les reliques de plusieurs saints papes et de martyrs.
Vient ensuite l'église de Sainte-Françoise, bâtie sur
l'emplacement même de la maison de l'illustre
sainte dont les Romains sont fiers.

La maison de sainte Françoise occupait une
partie des jardins de Néron, dans lesquels le tyran
se promenait le soir, dit la légende, à la lueur des
feux produits par les corps des chrétiens enduits
de bitume et matière inflammable qui servaient
de flambeaux. Ce fut sur ce même emplacement
qu'à la prière de Saint-Pierre Simon le magicien fut frappé de la foudre au moment où il s'élevait dans les airs en présence de l'empereur et du
peuple assemblé. On conserve sous une grille en

fer, à droite du maître-autel, les deux pierres sur lesquelles saint Pierre priait pendant que Simon le magicien opérait son ascension ; elles sont un peu creuses ; la tradition veut que ce soit l'empreinte des genoux de saint Pierre.

Eglise de Ste-Françoise. L'église de Sainte-Françoise est très-ornée. Le tombeau de la sainte est à l'entrée du chœur dans un caveau découvert, et entouré de 18 lampes en bronze doré. Sainte Françoise, après la mort de son mari, avait employé tous ses biens en œuvres de charité ; elle fonda une communauté pour les filles et les veuves. Sa charité lui a valu une grande renommée ; sa mémoire est vénérée, et sa fête est toujours célébrée avec pompe.

Les religieux du couvent de Saint-Bonaventure, où nous nous rendîmes après cette visite, furent très-empressés à nous recevoir et à nous faire voir tout ce que leur couvent renferme de remarquable et en particulier leur jardin, parfaitement cultivé, dans lequel existe le plus beau palmier qui soit à Rome. Nous emportâmes en souvenir de notre visite des œillets et des pensées qu'ils avaient cueillis à notre intention. Dans la sacristie, on nous fit remarquer une inscription sur une pierre de marbre blanc rappelant que ce fut dans cette église et devant le corps de saint Léonard de Port-Mau- rice que le pape Pie IX avait revêtu en 1821 l'habit *Saint Léonard.* du tiers-ordre de Saint-François. Saint Léonard, mort en 1751, fut canonisé aux dernières fêtes de saint Pierre. Ce saint, qui avait en grande dévotion la sainte Vierge, a préparé par ses travaux théolo- *Dogme de l'Immaculée conception.* giques la définition du dogme de l'Immaculée con- ception ; il fut le propagateur du Chemin de la Croix. Son corps est parfaitement conservé sous le maître-autel, revêtu des habits de l'ordre, les mains croisées sur la poitrine, dont l'une retient une feuille sur laquelle il avait inscrit des conseils de perfection chrétienne ; on dirait un vieillard endormi, offert à la vénération des fidèles, ce qui a lieu principalement le jour de sa fête, le 26 novembre. Dans la chambre où il mourut, sont conservés, sous une vitrine, tous ses instruments de pénitence. On nous fit voir ensuite l'atelier de peinture dans lequel on remarque le portrait d'un jeune franciscain, le vénérable Jean-Baptiste, mort il y a peu d'années en odeur de sainteté. De là nous sommes allés au Forum Trajan.

Cette place est occupée par l'ancienne basilique dans laquelle l'empereur Constantin abjura le paganisme et donna la liberté à l'Eglise persécutée depuis trois siècles. La porte antique, qui est entourée d'une balustrade en fer, a été mise à découvert par des fouilles ordonnées par Napoléon Ier en 1812. Ce sont des colonnes brisées, mais encore sur leurs bases. Au milieu des débris, s'élève la magnifique colonne Trajan, dont on a suivi le modèle pour la colonne de la place Vendôme. Sixte V a remplacé au sommet la statue de l'empereur romain par la statue du pêcheur de Galilée. Au nord de la place Trajane, sont deux églises d'un style élégant, dédiées à la sainte Vierge, sous le vocable du saint nom de Marie et de Notre-Dame-de-Lorette ; elles sont délicatement ornées à l'intérieur. Au sommet d'une colline, est une autre église dédiée à saint Laurent, élevée à l'endroit où il souffrit le martyre. Dans la chapelle souterraine, on montre la place où il fut brûlé ; la moitié du gril y est encore conservée. L'église de Saint-Pierre-aux-Liens, peu éloignée, fut bâtie par la princesse Eudoxie, femme de Valentinien III, pour y déposer les chaînes portées par le chef des apôtres à Jérusalem et à Rome ; on rapporte que le pape, voulant mesurer ses chaînes en les comparant, les vit s'unir entre ses mains. C'est une de ces pieuses croyances que l'on respecte et ne discute point. Des religieux bénédictins ont la garde de ces précieuses reliques renfermées dans une armoire aux portes de bronze doré, au fond de laquelle elles sont suspendues derrière une grille. On nous fit baiser ces chaînes, on nous mit au cou le carcan. Nous en avons rapporté du même modèle, que les religieux offrent aux fidèles. Remarquons que c'est dans cette église, sur le tombeau de Jules II, qu'est placé le Moïse de Michel-Ange. Il tient à la main les tables de la loi; il paraît animé. On dit que l'artiste fut pris de vertige lorsqu'il eut achevé son ouvrage. Saisissant un marteau et frappant sur le genou de la statue : Parle, lui criat-il, puisque tu es vivant. C'est aux religieux de ce couvent que fut confié le jeune Mortara après son baptême.

La rue serpentée que nous prîmes après cette dernière visite nous conduisit au Quirinal. C'est le palais d'été du Pape, bâti sur une colline où l'air est plus pur et plus frais qu'au Vatican. Le Saint-Père ne l'habite plus, il est resté enfermé pendant les grandes chaleurs au Vatican, où il a dû beaucoup souffrir, surtout d'être empêché de faire ses promenades, qui le mettaient à portée de venir au secours des malheureux. Le Quirinal est occupé par la famille du roi de Piémont. J'ai regretté de ne pouvoir faire voir à mes compagnons de voyage la chambre du Souverain-Pontife, que j'ai visitée en 1864; elle est ornée des tableaux-tapisseries des Gobelins, dont les rois de France fesaient offrande au pape au moment de l'avénement au trône ; le lit du Saint-Père, à son chevet un petit bénitier tout simple et une image de saint Joseph. C'est au Quirinal que se tient le conclave.

Nous n'avons pu voir que l'intérieur de l'église
Saint-André, où l'on vénère le tombeau de saint
Stanislas de Kostka, jeune Polonais mort à 17 ans,
mais déjà grand saint. Son corps est renfermé dans
un sarcophage de bronze doré et en lapis lazzuli.
C'est là que fut établie la maison du noviciat de la
compagnie de Jésus par saint François de Borgia,
alors général, quand il reçut comme novice saint
Stanislas, venu à pied de Pologne à Rome. La
chambre dans laquelle le saint rendit son âme à
Dieu a été convertie en chapelle. La statue en
marbre le représentant au moment de sa mort, couché sur un matelas, a été posée à la place même où
il expira. Ce fut dans cette même maison que
Charles-Emmanuel IV, roi de Sardaigne, aïeul de
Victor-Emmanuel, après son abdication, fit son noviciat; il y est mort en 1819. On voit dans l'église
son modeste tombeau. Au moment de descendre la
colline, nous avons jeté un dernier coup-d'œil sur le
magnifique panorama qui se développait devant nous :
la vue de Rome, dont l'église saint Pierre est le
point le plus apparent.

La fin de la journée du 19 devait être couronnée
par une petite fête : nos agapes, auxquelles nous
avions convié nos compagnons de voyage et nos
amis de Rome. C'est encore grâce aux bons soins
de la signora Rosa que nous sommes parvenus à
faire les choses convenablement : beau linge de
table, mets choisis, vins d'excellents crûs : Marsala,
Champagne ; alors, l'un de nous, bien inspiré,
porta un toast à l'éminent prélat, chef spirituel
de notre diocèse, Mgr le cardinal de Bonnechose,
grand orateur, qui renonça au premier rang dans la
magistrature pour devenir un saint évêque, défenseur
de la foi catholique, et un autre toast à M. Maupas,
notre excellent directeur des Hospices. Notre agréable

repas terminé, nous reconduisîmes à son domicile, au couvent de Saint-Bartholomé, le bon abbé Prayet, qui devint notre cicérone pendant le trajet. — Ceci, nous disait-il, en nous montrant des ruines, a été le théâtre de Marcellus, les pierres noircies accusent une grande antiquité ; il fut bâti, ajoutait-il, par l'empereur Auguste, et dédié à Marcellus, son neveu. Vitruve le citait comme le chef-d'œuvre de l'architecture romaine. — Nous allons traverser la place Montenara, où les paysans des montagnes se réunissaient à l'approche de la moisson pour se mettre à la disposition des fermiers. — Là est l'église et l'hospice Sainte-Galla, où l'on reçoit les pauvres sans asile ; l'hospice fut fondé par la sainte de ses propres deniers. On visitait autrefois dans cette église une image miraculeuse de la Vierge, qui avait été donnée par les anges à sainte Galla, au dire de saint Grégoire-le-Grand. L'image est conservée dans l'église de Sainte-Marie-in-Campitelli, exposée publiquement sur le maître-autel. Nous vîmes de loin l'hôpital de la Consolation, et plus loin encore le temple de la Fortune, formant un carré oblong, de 9 à 10 mètres de hauteur, élevé par Servus Tullius, roi de Rome. Il a été dédié depuis à l'illustre pénitente du désert, sainte Marie Egyptienne. Nous aperçûmes plus loin encore le clocher bysantin de l'église de Sainte-Marie-in-Cosmedini, qui se mêlait aux arbres du voisinage, mais nous n'allâmes pas jusque-là. Nous quittâmes notre ami, et nous revînmes par le Corso, en classant les souvenirs de cette journée.

Nous sommes au 20 juin, notre grand jour à Rome, celui où nous devons recevoir le pain des anges de la main du Vicaire de Jésus-Christ. Nous nous rendons d'abord à l'église de Saint-Louis-des-Français pour nous préparer à cette grande œuvre de piété. Sur notre route, nous rencontrons le secrétaire particulier de Mgr l'évêque de Nevers, qui nous apportait de la part de Sa Grandeur une invitation à dîner pour le lendemain chez Mgr Bastide. Revenus chez nous après avoir rempli ce premier devoir du chrétien, nous prîmes une voiture pour arriver plus vite au Vatican.

A l'extérieur, sous les arcades, l'entrée est gardée par les soldats du roi de Piémont; à l'intérieur, sous le péristyle, sont les gardes du Pape, ayant tout autre consigne que celle des soldats de Victor-Emmanuel, ou comprenant mieux leur mission ; ils se montrèrent empressés de nous diriger. Un grand et bel escalier en marbre conduit à la salle des gardes-suisses, peut-être aussi des gardes-nobles qui composent le cortége d'honneur du Saint-Père. Après avoir traversé cette salle, un valet en surtout rouge nous introduisit dans la salle dite des Princes.

La salle des Princes, où nous devions attendre jusqu'à l'heure de la messe, renferme assez d'objets précieux pour occuper pendant tout le temps de l'attente. Ce sont trois grands tableaux en tapisserie de Venise : le premier représente la résurrection de Lazare, l'autre la résurrection du fils de la veuve de Naïm, le troisième Madeleine aux pieds de J.-C., des statuettes en argent massif doré et divers objets d'art d'un grand prix, offerts au Saint-Père par plusieurs villes d'Italie qui ne font plus partie provisoirement des états du Saint-Siége, mais dont la population a voulu donner au Souverain-Pontife un souvenir de son attachement, à l'occasion du glorieux anniversaire de la vingt-cinquième année de son pontificat.

A l'heure de la messe, on nous introduit dans la chapelle. Elle est fort simple, sans autre ornement que les chandeliers, la croix qui surmonte

Le Vatican.

Chapelle du Pape.

le tabernacle, et un bas-relief représentant la sainte Vierge tenant l'enfant Jésus. Elle est éclairée par une seule croisée. Les murs sont recouverts d'une tenture en soie rouge écarlate ; les meubles consistent en escabeaux de bois prie-Dieu ; l'étiquette romain n'admet pas que l'on soit assis devant le Saint-Père ; il faut être à genoux ou debout lorsqu'il le permet ; il n'y a point de fleurs à l'autel, un tapis couvre les marches du sanctuaire où le Saint-Sacrement est exposé pendant le jour et pendant la nuit. C'est là que Celui qui est le représentant de Dieu sur la terre vient souvent dans la journée, et même dans la nuit, se prosterner et demander au Sauveur du monde la force et le courage de surmonter ses tribulations.

Messe du Saint-Père.

Lorsque nous sommes entrés, le Saint-Père était à genoux sur son prie-Dieu, il se préparait par le recueillement à la célébration des saints Mystères. Puis, il revêtit ses habits sacerdotaux à l'aide de deux camériers, et commença la messe ainsi que le font les évêques. Le Saint-Père à l'autel est admirable à voir : son attitude de céleste élévation, lorsqu'il invoque le Tout-Puissant, la sérénité de son beau visage, lorsqu'il se recueille, tout en lui est de l'homme en communication avec Dieu. Il parle haut en priant, il reste longtemps en méditation au moment de la consécration, il se frappe fortement la poitrine. C'est en ce moment que nous nous sommes approchés de la sainte table, et ensuite avons reçu de ses mains la communion, après avoir baisé son anneau. Tout ce que l'on éprouve en ce moment solennel, je ne pourrais le dire, je ne pourrais rendre la joie dont l'âme est saisie dans l'accomplissement de ce pieux devoir.

La messe terminée, le Saint-Père assiste à une messe dite par l'un de ses chapelains, en faisant son action de grâces ou répétant son bréviaire. Nous assistions aussi à cette messe. Le pape, avant de quitter la chapelle, fit quelques pas vers nous pour nous donner une dernière bénédiction : Enfants, allez en paix, semble-t-il dire, et conservez souvenir de la grande faveur qui vous a été accordée.

Dans la même journée, nous fûmes au couvent des dominicains rendre visite à leur général, le R. P. Jeandel, Français d'origine, prêtre du diocèse de Nancy, qui a des amis et des compatriotes à Rouen, et a conservé des relations avec eux, au moyen des personnes dont il a été le directeur. Je connaissais cet éminent prêtre, très-estimé du Saint-Père, qui du reste fesait partie de la députation française. Le R. P. fut très-empressé à nous offrir ses services. Il nous remit un petit souvenir de notre visite, nous indiqua les monuments et objets intéressants que nous devions voir avant de quitter Rome, entr'autres son couvent de Sainte-Sabine, dont l'église conserve un magnifique tableau de Sexto-Fenato, la vierge du Rosaire. Du couvent des dominicains, nous allâmes au Corso faire visite à nos petits abbés de Bologne, connaissances que nous avions faites le 18. Il serait difficile de se figurer les démonstrations qu'ils firent à notre entrée, ils semblaient revoir de vieux amis absents depuis longtemps ; ils nous obligèrent à accepter plusieurs petits présents, en souvenir de notre connaissance ; ils devaient retourner le lendemain à Bologne.

M. le comte de Damas nous avait vanté le bon marché d'un restaurant de la place du Corso. L'occasion se présentait d'en essayer. Nous entrâmes dans ce restaurant pour dîner. A Rome, comme à Paris, on déploie beaucoup de luxe, sauf à faire entrer le prix dans la carte à payer. Notre modeste dîner nous coûta 9 fr., dépense quelque peu élevée pour des pélerins. L'occasion s'offrait naturellement de visiter succinctement tous les monuments du Corso, la porte del Popolo, dont l'entrée représente deux statues des apôtres saint Pierre et saint Paul, les dépendances du palais Borghèse, le parc des Romains et le jardin du Mont-Pincio. Les vastes avenues de la villa Borghèse sont ouvertes pour le public tous les jours.

Nous nous rendîmes ensuite à l'église Saint-Ignace, qui fait partie du collége romain, afin d'y assister aux premières vêpres de saint Louis de Gonzague, dont la fête devait être célébrée avec pompe le lendemain. C'est dans cette église qu'est le magnifique tombeau du jeune saint patron de la jeunesse chrétienne. Louis de Gonzague avait renoncé à toutes les espérances du monde pour entrer dans la compagnie de Jésus. Son corps est déposé dans une chapelle à droite du transept. L'urne qui renferme ses précieuses reliques est plaquée de lapis lazzuli, et incrustée de bronze doré ; il y a au pied une boule de cette pierre précieuse et deux anges de marbre blanc d'une exécution parfaite. Le tableau de l'autel représentant le saint entouré d'anges, aussi de marbre blanc, forme un superbe bas - relief, comme on en voit souvent à Rome. Le tombeau de saint Louis de Gonzague est un des plus beaux et des plus riches que nous ayons remarqués à Rome, à part ceux de saint Pierre et de saint Paul. A côté de la chapelle, on remarque la place où il reçut la sépulture, en attendant les honneurs des autels, qui lui furent décernés peu d'années après sa mort. La fête de saint Louis de Gonzague est une des plus splendides de Rome, dans une belle et vaste église couverte de riches tentures de velours cramoisi à crépines d'or. La veille et le jour de la fête, la foule des fidèles la remplit. Les premières vêpres sont

Tombeau de saint Louis de Gonzague.

très-solennelles : les morceaux de musique, les motets et surtout le chant du *Laudate* sont d'un effet très-remarquable.

Dans la chapelle qui fait face, est le tombeau du bienheureux Jean Beckmans, béatifié par Pie IX il y a trois ou quatre ans. Son tombeau, en regard de celui de saint Louis de Gonzague , dont il avait été l'émule, devait être de même richesse, mais l'invasion de Rome a empêché l'exécution de ce projet. Comme saint Louis de Gonzague et saint Stanislas, le bienheureux Beckmans est proposé pour modèle aux jeunes gens.

Le collége romain est un immense bâtiment carré. Il appartient aux Jésuites, il fut bâti par eux sous le pontificat de Grégoire XIII. Des saints illustres par leurs vertus et leur science y ont fait leurs études. On y a marqué les places qu'ils y occupaient et les cellules qu'ils habitaient. Saint Louis de Gonzague y est mort le 21 juin 1591, dans une petite chambre, convertie aujourd'hui en chapelle, qui se trouve presque sous les combles. Nous l'avons visitée, ainsi que celle qu'il habitait ordinairement, où tous les objets qui étaient à son usage sont conservés. Nous avons pu voir le christ que ce jeune saint, si célèbre dans l'Eglise par son innocence et sa pénitence , arrosa de ses larmes. Cette chambre est elle-même convertie en chapelle, où quelques élèves du collége assistent à la messe chaque jour. Une inscription en latin, au-dessus de la porte, indique que là vécut de la vie des anges le céleste Louis de Gonzague. A côté se trouve celle du bienheureux Berkmans, qui demandait en grâce d'habiter auprès de cette chambre, afin de respirer le parfum des vertus de celui qu'il sut si bien imiter.

Le collége romain est un vrai labyrinthe inextricable ; il ne serait guère facile d'en sortir sans

Collége romain.

un guide. Ce collége possédait autrefois une bibliothèque de 70,000 volumes et un musée un des plus
curieux de l'Europe ; il renfermait des antiquités
précieuses et des objets curieux rapportés de la Chine,
de l'Amérique et des Indes par les Pères mission-
naires. Les Italiens sont en possession d'une grande
partie du collége romain, ils y ont établi une des
classes de leur Université. Cette maison est remplie
de souvenirs de famille précieux aux Pères de la
Compagnie, dont ils seront forcés de faire sans
doute bientôt le sacrifice entier.

Dans le même périmètre est la place des Saints-
Apôtres, près de l'hôtel de l'ancien palais Colonna.
Eglise des Saints-Apôtres. L'église des Saints-Apôtres est une des plus vastes
de Rome et des mieux ornées. Elle renferme des
précieux tableaux des grands maîtres. Cette église
possède les corps de saint Philippe et de saint
Jacques-le-Mineur, dont la fête y est très-solennelle
le 1er mai. Dans une crypte qui est au milieu de la
nef principale, on y vénère le corps de sainte Eugénie.
Le monument le plus remarquable de cette église
est le tombeau de Clément XIV, fait par l'immortel
Canova, à l'âge de 24 ans. Ce pape appartenait aux
Mineurs conventuels qui desservaient cette église.
Sixte-Quint et Clément XIV. Clément XIV et Sixte-Quint ont été religieux de ce
couvent ; on y montre encore leurs cellules.

L'église des Saints-Apôtres est le rendez-vous
du monde élégant. On y fait en ce moment d'importantes réparations.

Place de Venise. Tout près de là se trouve la place de Venise.

Maison où mourut la mère de Napoléon Ier. On nous fit remarquer à l'angle le palais qu'habita
et où mourut la mère de Napoléon Ier après le
départ de son fils pour Sainte-Hélène.

Sur la place del Popolo on voit le palais de Venise,
hôtel de l'ambassadeur de cette république. C'est

un monument sévère, qui a quelque ressemblance
avec le palais des Doges.

A peu de distance, est l'église Saint-Marc, bâtie
par Paul II, vénitien. Le maître-autel est magnifique
et renferme le corps de saint Marc, pape, avec les
reliques des saints Abdon et Sennen. On montre
aussi une épine de la couronne de Jésus-Christ, un
morceau du voile de la sainte Vierge, le camail pontifical de saint Pie V et le cilice de sainte Brigitte.
Nous descendîmes le Corso en suivant le flot immense des promeneurs qui à cette heure de la soirée encombrent cette rue. C'est un flux et reflux
continuel. Les équipages montent et descendent
constamment et remontent de manière à faire croire
que le nombre des voitures est infini ; nous reconnûmes que c'étaient les mêmes citadins qui allaient
et venaient pour faire admirer leurs beaux chevaux,
et surtout leur belle toilette. On se serait cru sur le
boulevart des Italiens, à Paris. La place que nous traversâmes en nous rendant à la poste a droit à une
mention particulière : ses palais somptueux, une
belle fontaine qui jette l'eau avec abondance. De ces
édifices, le plus remarquable est le palais Chigi ; il
appartient à la famille du nonce apostolique en
France. Au fond l'Hôtel de la poste nouvellement
restauré ; au milieu s'élève une belle colonne comme
la colonne Trajane, appelée la colonne Antonine.
Le pape Sixte-Quint la surmonta de la statue de
saint Paul, en bronze doré.

Le 21 juin, fête de saint Louis de Gonzague, 21 Juin.
nous avons peine à traverser la foule pour pénétrer
dans l'église Saint-Ignace, et arriver jusqu'au tombeau du bienheureux. L'église est richement décorée, plus de 1,200 bougies l'éclairent, les autels
sont couverts de fleurs qui embaument l'air ; ainsi
devait être le paradis terrestre jouissant d'un éternel

printemps. Tout prend à Rome de grandes proportions, la magnificence des édifices oblige. La fête était d'autant plus brillante cette année qu'elle correspondait avec la 25ᵉ année du pontificat de Pie IX. Les mères chrétiennes amènent leurs enfants au tombeau du saint protecteur de la jeunesse ; leur démonstration en mettant leurs enfants sous sa protection est touchante. L'urne qui renferme les reliques est une véritable boîte aux lettres dans laquelle les fidèles adressent leurs prières au saint. Quelques-uns lui font hommage de leur poésie ; on pense bien que la réponse est toujours un encouragement à bien faire pour mériter les grâces de celui qui seul peut les répandre dans ce monde et dans l'autre. La messe était célébrée par un évêque qui donna la sainte communion à quatre ou cinq cents personnes tant élèves du collége romain, rangés dans la nef, qu'autres assistants ; un enfant de chœur marchait devant le prélat et distribuait à chaque communiant une gravure représentant le véritable portrait du saint pris après sa mort, et un fac-simile de son autographe. Deux jeunes garçons, en habit de ville, portant une corbeille de fleurs et tenant un papier d'une main, s'avancèrent vers l'autel comme deux chérubins apportant un message divin ; c'étaient les élus pris parmi les élèves pour offrir le tribut de reconnaissance au saint patron de la jeunesse chrétienne. Touchante cérémonie à laquelle nous participons de cœur.

La messe fut suivie d'un *Te Deum* en l'honneur du Saint-Père, exécuté comme la messe avec une grande solennité musicale ; au moment de sortir, chacun s'empressait de recueillir les fleurs tombées des autels, autant de reliques que l'on partage avec ses amis. Nous fîmes de même, en partageant avec nos amis de Rouen , qui nous ont toujours montré beaucoup d'affection. Un père de la compagnie de Jésus, que nous avons connu à Rouen et qui habite Bourges, reçut ce témoignage de notre bon souvenir. Nous noterons ici que la nuit même le feu prit à la tenture rouge exposée ordinairement aux portes des églises pour annoncer les fêtes. Etait-ce un fait de la malveillance ? Il serait pénible de le penser !

Nous avions à visiter, au Corso, la petite église de Sainte-Marie-in-via-lata , voisine du collége romain ; c'est une délicate construction dans le style de nos anciennes abbayes normandes, elle a été bâtie sur l'emplacement d'une maison habitée par saint Paul ; quoique sa construction date de loin, elle paraît toute moderne ; un escalier conduit à l'église souterraine. Ce souterrain est consacré à saint Paul, comme la prison Mamertine à saint Pierre ; ce fut là qu'il subit une dure captivité avec saint Luc l'évangéliste, qui ne le quitta jamais. Là, comme dans la prison de saint Pierre, une source miraculeuse jaillit à la prière de l'apôtre pour qu'il pût baptiser ses néophytes ; là est une colonne à laquelle fut attaché le géôlier converti, devenu saint Martial. Nous nous étions arrêtés par un sentiment de piété à l'endroit même où saint Paul écrivit ses épîtres et saint Luc les actes des apôtres. Il y a dans cette église un tableau en grande vénération de la Vierge, peint par saint Luc ; une inscription garantit l'authenticité du fait. Nous sortîmes de cette église en emportant ces belles paroles qui y sont inscrites : « J'ai bien combattu, j'ai gardé ma foi, » et nous ajoutions : Heureux ceux qui peuvent visiter, dans un esprit de dévotion, ces lieux sanctifiés par les souffrances des saints, et qui emportent comme nous des souvenirs qui seront la consolation de leur vie !

L'église de Saint-Marcel, que nous visitâmes ensuite, a été élevée à la mémoire du saint pontife. Condamné par l'empereur Maxence à prendre soin des bêtes destinées aux amusements du public, réduit à cette dure servitude, il succomba à la peine. Ce fut dans cette église que la vénérable Maria-Anna Taïgi rencontra le directeur spirituel qu'elle invoquait pour arriver à la perfection, et qui lui était promis.

Voyant un jour un confessionnal entouré de plusieurs personnes, elle se demanda si le confesseur ne serait pas celui que le Seigneur lui avait destiné, et, s'approchant à son tour, elle fut toute heureuse d'entendre le confesseur lui adresser ces paroles : « Oh ! ma fille, vous voilà donc ! Depuis longtemps je vous attends et je vous cherche. »

Le corps de la vénérable Maria-Anna Taïgi fut exhumé, par l'ordre du Pape, il y a trois ans environ ; il fut trouvé intact, sans corruption, après trente-et-un ans. Exposé pendant trois jours dans l'église Saint-Chrysogome, un concours immense n'a cessé de le vénérer. Il a été mis dans un sarcophage de marbre, en attendant les honneurs de la béatification ; nous nous sommes agenouillés sur cette tombe d'une pieuse mère de famille dans l'église Saint-Chryscome, dans le Transtevère. Maria-Anna Taïgi, mariée dans l'église même de Saint-Marcel, avait eu sept ou huit enfants.

En suivant le Corso, nous sommes entrés dans l'église Saint-Sylvestre, élevée à la mémoire du saint pontife qui donna le baptême à Constantin. Cette église conserve une partie de la tête de saint Jean-Baptiste, envoyée à Rome par la cathédrale d'Amiens, sur la demande du pape Clément VIII. Cette moitié du visage du saint précurseur y est en grande vénération. L'église est très-ancienne ; la fête de saint Sylvestre y est très-solennelle le 31 décembre.

De l'autre côté du Corso, au-dessous de l'église, se trouve l'hôpital des incurables, témoin du zèle et des vertus de saint Camille de Lellis, de saint Ignace de Loyola et de tous saints honorés dans l'Église, puis l'église Saint-Charles, remarquable par ses peintures et sa belle coupole. Elle possède le cœur du saint archevêque de Milan ; on y voit aussi son masque. Le Pape et les cardinaux y assistaient à la messe solennelle le 4 octobre.

Eglise Saint-Charles.

Le Corso se termine à la place du Peuple par deux jolies églises rotondes parallèles : l'une Sainte-Marie-des-Miracles, et l'autre Sainte-Marie-du-Monte-Santo.

Le Corso. — Place du Peuple.

Sur la place, contre les rampes du jardin du Mont-Pincio, se trouve l'église appelée Sainte-Marie-du-Peuple, surnommée ainsi parce que le peuple romain la fit reconstruire dans le XIIIe siècle. Elle avait été bâtie plusieurs siècles auparavant sur le tombeau de Néron, ou plutôt à l'endroit où ses cendres avaient été retrouvées et jetées au vent.

Ste-Marie-du-Peuple.

Elle est très-riche en tableaux de grands maîtres et en statues. Sur le maître-autel est un tableau de la sainte Vierge, peint par saint Luc. Elle conserve aussi les reliques de plusieurs saints ; celles de saint Faustin, martyr, y sont en grande vénération. L'église de Neufchâtel possède une relique de ce saint martyr, apportée par M. Gobin, de Neufchâtel.

A heure fixe nous étions chez Mgr Bastide. Mgr Bastide était l'aumônier des zouaves pontificaux, il est maintenant prélat romain et chanoine de Sainte-Marie-Majeure ; Français d'origine, il est tout naturellement plein d'obligeance pour ses anciens compatriotes. Le prélat, fort occupé des préparatifs de son dîner, nous conduisit au jardin,

Dîner chez Mgr Bastide.

sous l'ombrage d'arbres odoriférants : les rhododendrons, les grenadiers, les orangers en fleurs. Bientôt nous vîmes venir Mgr l'évêque de Nevers et les prêtres de son diocèse qui l'avaient accompagné à Rome, et M. Arthur Loth, notre compatriote, frère du savant et spirituel directeur de la *Semaine religieuse*, du diocèse de Rouen. M. Arthur Loth, l'un des rédacteurs de l'*Univers*, représentait M. Veuillot ; il était venu apporter au Saint-Père l'adresse revêtue des signatures recueillies par le directeur de l'*Univers*.

Mgr Forcade, gracieux, aimable, bienveillant, à l'exemple de saint Paul, gagnait les cœurs à Dieu par l'affabilité de la religion. Cette heureuse circonstance, qui nous mit à portée d'apprécier les éminentes qualités de ce haut dignitaire de l'Eglise, nous sera toujours chère. Mgr de Nevers aimait à parler de Rouen, du lieu de sa naissance, de Mgr Blanquart de Bailleul, dont il aimait le souvenir. Il traitait tous les sujets avec cette touchante mansuétude qui rappelait saint François de Sales. Après Mgr de Nevers, plusieurs autres membres de la députation française arrivèrent ; il y avait parmi eux un habitant de Nevers qui avait fait dix-sept fois le voyage de Rome.

Le dîner fut servi sous le berceau formé par les grands arbres, délicieuse salle à manger, dont l'air était embaumé et rafraîchi par une brise légère. Nous étions vingt-deux à table, unis par le même lien de confraternité chrétienne, de la même communion. On comprendra qu'une gaîté franche et cordiale, selon l'expression consacrée, présida à cette réunion, qui rappelait si bien l'union des premiers siècles de l'Eglise et les agapes des premiers fidèles. Mgr de Nevers était au milieu de nous, comme un père entouré de ses enfants.

Ici, nous saisissons l'occasion d'exprimer notre profonde gratitude pour la protection dont nous a honoré le vénérable prélat pendant notre séjour à Rome, et notre reconnaissance pour le trésor inestimable qu'il nous a obtenu du Saint-Père quelques jours plus tard.

Hommage de reconnaissance à Mgr de Nevers.

Après le dîner, nous sommes allés tous au Vatican visiter ces fresques célèbres qu'on nomme les Loges de Raphaël. C'est une vaste salle peinte par ce grand maître. On appelle la plus grande fresque la *Dispute du saint Sacrement.*

Au Vatican. — Les Loges de Raphaël.

La description de toutes ces intéressantes peintures nous fut donnée par Mgr Bastide. Nous visitâmes aussi une chapelle peinte dans le même genre par le B. Ange de Frézoli, dit *Fra-Angélico,* dont nous avons parlé dans l'église de la Minerve. Ces peintures font aussi l'admiration de tous les visiteurs artistes. En nous quittant, Mgr l'évêque de Nevers voulut bien encore nous donner rendez-vous pour sa messe du lendemain. Et tous nous descendîmes à Saint-Pierre, afin d'assister au *Te Deum* solennel qui se chantait en mémoire du 25ᵉ anniversaire du couronnement du Saint-Père qui, élu pape le 16 juin, ne fut couronné que le 21. Les cloches de la première basilique du monde faisaient retentir les airs de leurs plus beaux carillons qui, se mêlant au bruit du grand nombre de voitures qui arrivaient sur la place, empêchaient qu'on ne s'entendît parler. On évalue à plus de trente-cinq mille les personnes présentes à ce *Te Deum,* et le Saint-Père, captif dans ses appartements, pouvait juger, en regardant par sa fenêtre, de l'attachement et de la fidélité de ses enfants. Il pouvait, de son palais, voir ces myriades de chrétiens dévoués qui venaient prier pour lui. On dit qu'il se plaît parfois à contempler

Te Deum à St-Pierre.

35,000 personnes présentes.

ce touchant spectacle et à bénir du haut du Vatican cette foule de pieux fidèles qui passe.

En traversant la rue du Burga Nuova, nous avons visité plusieurs églises, elles nous ont paru humides et mal tenues ; le voisinage du Tibre y contribue pour quelque chose ; il était en ce moment plus rapide et plus haut que de coutume. On craignait même un débordement. Nous rentrâmes chez nous, remplis des bons souvenirs de cette journée qui s'était écoulée si vite, en passant, comme toujours, par la poste.

Le 22 juin, à sept heures du matin, nous étions via della Scroffa, au palais de Mgr de Nevers. Nous voulions assister à sa messe. Après quelque hésitation, résultat d'une erreur, le concierge nous fit entrer au salon, où bientôt Sa Grandeur vint nous prendre pour nous conduire à l'élégante petite chapelle, au premier étage, dans laquelle Monseigneur avait coutume de célébrer la messe. Après l'office, il nous dit : Messieurs, nous déjeunerons ensemble. Nous étions confus de tant de bienveillance, d'un accueil aussi gracieux, nous nous confondions en excuses ; l'aimable prélat coupa court à nos remerciements en nous disant : C'est entendu, lorsque j'aurai terminé mon action de grâces, je reviendrai vous prendre. Ce qui fut fait en effet. Le déjeuner était servi dans ses appartements ; à table, Monseigneur nous en fit les honneurs en nous plaçant l'un à sa droite, l'autre à sa gauche. Que l'on se rappelle ce que le contentement de soi et des autres peut inspirer de joyeuse humeur, et l'on aura une idée de l'amabilité de notre amphytrion, de ses attentions bienveillantes, dont vous étiez, comme moi, mon cher Théodule, dans un sentiment de modestie conforme à notre position, aussi surpris qu'honoré ; avant de nous donner congé, Monseigneur nous

remit une petite image de saint Cyr et de
sainte Julitte, patrons de la cathédrale de Nevers,
sur laquelle il voulut bien mettre son autographe ;
il nous bénit et nous offrit son intermédiaire pour
les demandes que nous aurions à faire au Saint-
Père. Puis nous reprîmes nos pérégrinations. Le
premier édifice que nous visitâmes fut l'église de
Sainte-Marie-des-Martyrs, près de la Minerve, sur
la place du Panthéon, en face d'une belle fontaine
masquée par un obélisque égyptien.

Eglise de Sainte-Ma-
rie-des-Martyrs, place
du Panthéon.

Le Panthéon avait été élevé par Agrippa aux dieux
du paganisme; le pape saint Boniface IV lui donna
une plus digne destination : il le consacra à la
gloire de tous les martyrs et de leur auguste Reine,
et il y fit transporter en grande pompe beaucoup
de reliques des catacombes.

C'est dans la même église que fut instituée,
en 830, par le pape Grégoire IV, la fête de tous les
saints, depuis célébrée dans toutes les églises. C'est
le seul monument de la Rome païenne qui se soit
conservé intact, malgré les inondations du Tibre et
les invasions des barbares de tous les âges. L'église
est surmontée d'une petite coupole ; elle est de
forme circulaire. Les chapelles sont placées à des
intervalles égaux autour du temple. Son majestueux
portique est composé de seize colonnes en granit
d'ordre corinthien et d'une seule pièce. C'est dans
ce temple, à gauche en entrant, que reposent les
restes de Raphaël et Annibal Carrache, dont le
musée de Rouen possède un magnifique tableau. —
Le sujet est saint François d'Assises, réjoui par
une musique céleste. — Enfin cette église du Panthéon est, au jugement des artistes, un monument
admirable dans son ensemble et dans ses proportions.

Nous traversâmes le *Petit-Marché*, qui s'étend de

Le Petit-Marché.

la place du Panthéon à la place Saint-Eustache, pour nous rendre compte des productions du pays. Nous pûmes remarquer des fruits magnifiques et de beaux légumes. Les pois y étaient en abondance et les pommes de terre aussi ; les oignons étaient d'une grosseur inconnue dans nos contrées. Nous

entrâmes dans l'église Saint-Eustache pour honorer la mémoire du saint patron qui, avec ses enfants, souffrit le martyre sur cette place. Sans la foi, il serait impossible d'admettre comme réelle l'histoire de sa vie, tant elle est extraordinaire. Après toutes sortes de tortures , lui et ses enfants furent jetés dans un cheval d'airain rougi au feu. Ce dernier tourment couronna leur souffrance par une mort glorieuse. Les corps de saint Eustache et de ses compagnons reposent sous le maître-autel dans un tombeau de porphyre. Cette église n'est pas grande, et n'a rien de remarquable.

Nous sommes revenus chez nous prendre un peu de repos pendant la chaleur du jour, et nous dis-

poser ensuite à aller dîner à midi chez les Frères Saint-Jean-de-Dieu , où une affectueuse manifestation nous était réservée. La communauté était là au grand complet, nous attendant avec son vénérable supérieur l'abbé Alfiéri. Notre apparition fut saluée avec joie par tous les chers frères qui avaient pu craindre un moment de nous voir manquer au rendez-vous. Le père général nous avoua qu'il n'avait pas été sans inquiétude ; il nous fit monter aux places d'honneur qu'on nous avait préparées, puis, avec le premier assistant , il prit place à côté de nous. La lecture pieuse qui se fait pendant le repas fut supprimée, et le plat de *babil*, comme on l'appelle dans les communautés religieuses, fut de suite servi. Le bon père général exerce grandement l'hospitalité ; les mets les plus délicats, les meilleurs, nous étaient offerts, et un poisson rare, qui, le matin même, avait été envoyé de Tivoli au bon Père général, figurait sur la table. Il nous disait à ce propos : Je rends grâces à Dieu que ce cadeau inattendu me soit arrivé ; Dieu vous le destinait ; c'est sa cote-part à notre petit repas. Vous vous rappelez, ajouta-t-il, que, quand saint Antoine visita saint Paul, ermite, le Seigneur envoya deux pains au saint solitaire, au lieu d'un qu'il recevait chaque jour. Dieu a fait de même aujourd'hui. Et il pressait nos mains dans les siennes, témoignant ainsi sa satisfaction de nous avoir à son dîner. Notre bon abbé Marmaz assistait au repas et approuvait par des signes d'applaudissement, exprimant le plaisir qu'il éprouvait de la réception qui nous était faite. Réunis en petit comité dans la chambre du général pour prendre le café, nous pûmes exprimer en toute liberté à l'excellent religieux notre mutuelle satisfaction de l'accueil sympathique des religieux de l'hospitalière maison de Saint-Jean-de-Dieu, fait à deux membres de la députation française.

Nous allâmes avec notre bon curé, malgré les ardeurs du soleil, que seuls nous osions braver, visiter le Transtevère. Nous sommes entrés d'abord à l'église Saint-Chrysogone, pour y vénérer le tombeau de la vénérable Maria-Anna Taïgi. Le couvent des Trinitaires est voisin de l'église. Plusieurs voitures stationnaient devant la porte , et un groupe de personnes examinaient avec des lunettes longue-vue une fresque peinte sur le fronton, peinture qui faisait beaucoup de bruit à Rome depuis quelques semaines. Cette magnifique fresque, qu'on appelle la madone de Pie IX , représente la sainte Vierge assise , tenant l'Enfant-Jésus ; à droite, le Saint-Père à genoux , les mains jointes, d'un air suppliant ; à gauche , un religieux Trinitaire qui implore aussi le secours de la Mère de Dieu. Le portrait de Pie IX est frappant de ressemblance, son attitude, en priant, d'un naturel parfait. Un jour, dit-on, une pieuse femme, passant devant cette madone, et s'étant arrêtée pour prier, s'aperçut que la sainte Vierge, peinte sur cette fresque, ouvrait et fermait les yeux. Elle appela plusieurs voisines pour confirmer ce fait : le bruit s'en répandit dans Rome, et on s'empressa de toute part de venir vénérer cette sainte image devenue célèbre. Est-il besoin d'ajouter que nous ne vîmes rien de semblable. En notre présence, un religieux Trinitaire monta à l'échelle pour déposer deux bouquets au pied de cette image et y allumer deux cierges. Le fronton de la porte faisant saillie servait de petit autel.

La pieuse légende que nous venons de rapporter ne met pas cette sainte image à l'abri des profanations. Nous fûmes témoins, quelques jours plus tard, des gémissements d'une femme de ce quartier sur les impiétés qui pouvaient, disait-elle, attirer de grands malheurs sur la cité romaine, dont les Italiens s'efforcent de faire une Babylone.

Église Sainte-Thérèse. Nous allâmes ensuite à l'église Sainte-Thérèse, desservie par les Carmes. Cette église est magnifique, toute resplendissante de marbres de toutes couleurs. Les religieux nous firent un bon accueil ; l'un d'eux s'informa de la santé de Mgr de Bonnechose. Nous n'avons pu voir le pied droit de sainte Thérèse, en grande vénération dans cette église. Il est renfermé dans la chapelle des religieux, attenante à l'église, et n'est exposé publiquement que le 15 octobre. Le religieux sacristain avait emporté la clef du tabernacle en bois dans lequel on le conserve.

Le Mont-Janicule. — Église Saint-Pierre-in-Montorio. Nous fîmes l'ascension du Mont-Janicule, dans l'intention de visiter l'église de Saint-Pierre-in-

Montorio, où saint Pierre fut crucifié la tête en bas. Un couvent de franciscains est à côté de l'église, dont la visite offre beaucoup d'intérêt. L'église renferme de précieux souvenirs de Michel-Ange; il y a laissé, comme partout où son ciseau a passé, de véritables chefs-d'œuvre. Il y a dans la balustrade du chœur des anges si ressemblants à un jeune enfant que je connais, que j'ai été entraîné à déposer un baiser sur ce marbre, en souvenir du bambino. Cette église conserve aussi de belles toiles, surtout dans le crucifiement de saint Pierre, que les religieux sont fiers de montrer aux visiteurs.

Couvent des franciscains.

L'emplacement où saint Pierre fut crucifié est surmonté d'une petite rotonde où l'on dit la messe chaque jour. Le trou où fut plantée la croix du prince des apôtres existe toujours.

Chapelle sur l'emplacement où saint Pierre fut crucifié.

Les religieux donnent aux visiteurs un peu de sable renfermé dans ce trou. On remarque au pied de cette petite chapelle des boulets que nous avons touchés; ils furent lancés pendant le siége de Rome. On eût dit que, conduits par une main divine, ils soient venus s'abattre tout autour, sans laisser la moindre trace au petit édifice, qui aurait dû être anéanti. Les religieux ont toujours regardé ceci comme un miracle éclatant dû à la protection de saint Pierre, voulant préserver la petite chapelle qui, en rappelant son glorieux martyre, rappelle aussi son triomphe au ciel. De cette colline, on a une belle vue de Rome entière et des sinuosités du Tibre, et l'œil plonge au loin dans cette campagne romaine que Cincinnatus sillonnait de sa charrue, après avoir renoncé aux honneurs du consulat.

Nous continuâmes notre promenade en suivant la route de la porte saint Pancrace. Nous nous arrêtâmes à la superbe fontaine Pauline bâtie par un pape du nom de Paul, pour recevoir les eaux po-

Fontaine Pauline.

tables des campagnes voisines. C'est un monument grandiose. L'eau retombe dans un vaste bassin de granit. La fontaine Pauline est un des châteaux d'eau de Rome, ses eaux sont pures et limpides. Nous avons pu nous y rafraîchir à notre aise. La porte Pancrace est peu éloignée de la fontaine. Elle paraît de construction récente, et portait autrefois le nom de Porte - Aurélienne. Ses murs portent les marques de l'artillerie française enlevant, en 1849, Rome à Garibaldi. Cette entrée de la Ville éternelle est gardée par un poste de soldats italiens, comme toutes les portes. Ils nous laissèrent passer sans mot dire. Nous suivîmes la voie Aurélienne pour aller à l'église Saint-Pancrace, bâtie en souvenir du jeune martyr, qui fut décapité après plusieurs tourments sur la place même où s'élève ce temple. La place arrosée par le sang de saint Pancrace est marquée par une dalle entourée d'une balustrade. L'entrée des catacombes qui portent le nom de saint Pancrace est dans cette église même. Un des religieux carmes desservant l'église est chargé de guider les visiteurs.

Cette église est au milieu de bouquets d'arbres, de rosiers du Bengale, de grenadiers ; une allée de rhododendrons y conduit.

Lorsque nous entrâmes dans l'église, le religieux gardien, assis dans le coin d'une chapelle, disait son bréviaire. Il se mit immédiatement à notre disposition pour nous indiquer les objets les plus intéressants comme art, et nous fit remarquer le sarcophage de porphyre qui pendant de longs siècles avait conservé les reliques du jeune martyr immolé avant dix-sept ans, et qui furent dispersées par les fureurs révolutionnaires.

Saint Pancrace, issu d'une illustre famille de la Phrygie, vint à Rome sous la tutelle de sa mère, qui était veuve , et d'un oncle que l'Eglise honore dans son martyrologe. Ils reçurent le baptême à Rome peu de temps après. Un jour que le saint enfant, chargé de porter le pain consacré aux fidèles empêchés d'assister au saint sacrifice, qui ne pouvaient recevoir la sainte communion, portait son précieux trésor, il fut attaqué par des jeunes gens qui tentèrent vainement de le lui enlever. Dénoncé comme chrétien à l'empereur Dioclétien, il fut condamné à avoir la tête tranchée. Ce qui eut lieu le 13 mai 303. Dieu permit qu'il se produisît sur son tombeau plusieurs miracles, et sa mémoire fut vénérée à Rome. Sa fête est très-solennelle.

Nous descendîmes dans les catacombes, guidés par le religieux, où le corps de saint Pancrace avait reçu la sépulture des mains d'une sainte femme nommée Octavie. Nous parcourûmes les longues allées ; nous mîmes les mains dans ces cases qui renfermèrent les corps mutilés de tant de martyrs. Nous ne pûmes emporter de la poussière de ce lieu sanctifié ; ce fait est défendu, sous peine d'excommunication. Notre brave compagnon, déjà en possession de quelques ossements , fut forcé de les abandonner. Il nous fut permis d'emporter quelques débris de pierres ; nous les conservons comme reliques. Nous quittâmes ce bon religieux en lui laissant un petit gage de notre reconnaissance et nous revînmes par les mêmes chemins , en remarquant des villas détruites , des maisons effondrées par les boulets meurtriers des Romains rebelles. Le chemin que nous suivions, la terre que nous foulions, avaient été rougis du sang de nos braves compatriotes enrôlés pour défendre la sainte cause. Leurs dépouilles mortelles reposent sous les arbres de l'avenue. Là , le cœur ému, nous avons adressé à

Les catacombes.

Dieu notre prière pour les martyrs de la foi, nos compatriotes.

Nous jetâmes en descendant un coup d'œil sur la splendide villa Pamphili, dont les voyageurs vantent la beauté et les richesses. Mais sa magnificence n'atteint pas la villa Borghèse.

Sur notre route, nous entrâmes dans l'église Sainte-Marie-in-Transtevère. C'est une des premières églises élevées en l'honneur de la sainte Vierge. Elle est pleine de souvenirs antiques et précieux ; elle renferme aussi d'insignes reliques. Elle était en réparation ; nous ne pûmes rien voir.

Nous avons remis notre compagnon à son logis, au couvent des Frères Saint-Jean-de-Dieu, et nous sommes rentrés chez nous, les fatigues de la journée exigeant du repos.

Le 23 juin, notre premier pèlerinage fut au tombeau du bienheureux Labre, à l'église Sainte-Marie-du-Mont ; elle est près du Capitole, entre le Colysée et le Quirinal. Le tombeau du saint est dans une chapelle auparavant dédiée à saint Nicolas patron des écoliers. Nous arrivâmes juste à l'heure de la messe.

Le bienheureux Benoît-Joseph Labre naquit à Amette, diocèse d'Arras, village inconnu autrefois, et qui maintenant compte, dans certains jours de juillet, de 4 à 5,000 pèlerins, venus de fort loin. Il mourut à Rome, jeune encore, pauvre et errant comme il avait vécu, le 9 avril 1783 ; sa vie, plus admirable qu'imitable, toute extraordinaire qu'elle était, fut néanmoins approuvée du ciel par des miracles qui depuis sa mort se continuent encore chaque jour en France comme en Italie. Il a fait l'édification de Rome tout entière.

La commission d'enquête chargée d'examiner l'authenticité des miracles opérés par l'intercession du bienheureux Labre, pour présenter la requête de sa béatification, se trouva en présence de plus de 300 miracles dont la véracité était reconnue par des preuves irrécusables et appuyées par tous les témoignages nécessaires. Cinq seulement suffisaient pour mener la cause à bonne fin. Le bienheureux Labre fut béatifié par Pie IX le 30 mai 1859, qui, sans les troubles de l'Eglise, aurait eu la consolation de le canoniser à la fin du concile.

Ses ossements sont déposés sous l'autel ; ils sont recouverts d'une magnifique statue due au ciseau d'un artiste français résidant à Rome. El'e représente le bienheureux couché, tenant un lys à la main. On le voit à travers une glace. Son image est sur une toile de l'autel. Elle est entourée de 2 à 300 *ex voto* en argent, formant comme une triple auréole en témoignage des miracles opérés par son intercession. Nous étions fiers de nous trouver au tombeau d'un saint qui fait honneur au nom français. Nous l'invoquâmes pour la France, sa patrie, dont il avait prédit les malheurs ; il avait aussi prophétisé l'incendie de Paris, ce qu'on nous fit voir au cinquième volumineux dossier de sa béatification. Nous sortîmes de l'église, heureux de cette longue visite. En suivant à l'est la rue Notre-Dame-du-Mont, nous nous dirigeâmes sur Sainte-Marie-Majeure.

Sainte-Marie-Majeure est une des sept basiliques de Rome qu'on est obligé de visiter pour gagner les indulgences dites des stations de Rome. Ces basiliques ne sont jamais fermées, la plupart des autres églises le sont de midi à quatre heures. Les sept basiliques sont : Saint-Pierre, Saint-Paul hors les murs, Saint-Sébastien, Saint-Jean-de-Latran, Sainte-Croix-de-Jérusalem, Sainte-Marie-Majeure et Saint-Laurent hors les murs. Pour gagner les

Les 7 églises à visiter pour gagner les indulgences.

indulgences, il faut se confesser, communier, visiter à pied les sept basiliques la même journée, c'est-à-dire faire au moins de 25 à 30 kilomètres. Les personnes qui ne peuvent le faire à pied, par indisposition, sont autorisées à le faire en voiture.

Eglise de St-Marie-Majeure. — Description.

Sainte-Marie-Majeure fut édifiée sur les vestiges d'un temple de Junon, au Mont-Esquilin, par le pape Libin, en 352, après une vision qu'il avait eue, de même que le patrice Jean et sa femme, qui la firent bâtir à leurs frais. Ces derniers, n'ayant pas d'enfants, firent hommage de leur fortune à la Vierge. Il leur avait été révélé de faire construire une église à l'endroit même du Mont-Esquilin qu'ils verraient couvert de neige ! C'était le 5 août, l'emplacement que devait occuper cette église était en effet couvert d'une neige épaisse. Le pape, témoin du prodige que l'Eglise rappelle encore aux fidèles par la fête de N.-D.-des-Neiges, jeta les premiers fondements de cette basilique, devenue plus tard la plus belle de Rome. Plusieurs papes y firent divers changements et l'enrichirent par leur munificence. L'intérieur de cette église est éblouissant ; tout cela s'explique par la grande dévotion des papes et des souverains de l'Europe qui tenaient à l'embellir pour témoigner leur dévotion à la sainte mère de Dieu. Le plafond fut doré avec le premier or que reçurent de l'Amérique Ferdinand et Isabelle d'Espagne, et par d'autres lingots apportés par Christophe Colomb. L'autel papal est une grande urne de porphyre qui avait servi de tombeau à Patrice, fondateur de cette église ; il est soutenu par quatre enfants en bronze doré, isolé comme tous ceux des basiliques romaines, et placé sous un baldaquin de bronze doré que portent quatre colonnes antiques de porphyre entourées de palmes dorées. La sainte crèche, qui autrefois était déposée dans la magnifique chapelle, du côté de l'épître, est maintenant conservée sous la confession du maître-autel ; on descend à cette confession par deux escaliers comme à celle de Saint-Pierre. C'est là qu'est déposée la précieuse relique enfermée dans un tabernacle éblouissant d'or et de pierreries ; devant ce tabernacle s'élève un bel autel où les prêtres étrangers sont heureux de célébrer les saints mystères. La sainte crèche fut, dit-on, apportée de Bethléem à Rome dans le VII° siècle, et déposée dans cette basilique.

On la porte en procession la nuit de Noël, et toute la journée elle reste exposée dans l'église à la vénération. J'eus le bonheur de la voir en 1863, le jour de Noël. Elle est renfermée dans un reliquaire en cristal, en forme de berceau, surmonté d'un enfant Jésus en argent massif ; la base qui soutient ce reliquaire est aussi en argent massif ciselé, représentaut la Nativité. On voit parfaitement le bois noirci de la crèche à travers ce cristal, quelques brins de paille et un morceau de lange. Après le salut de Noël, on la reporte à l'endroit où elle doit demeurer toute l'année. Cette procession, à laquelle assistent plusieurs prélats romains et les chanoines de Sainte-Marie-Majeure tenant un cierge à la main, est fort imposante ; la brillante illumination de l'église en rehausse l'éclat.

Continuons notre visite par la chapelle du Saint-Sacrement, qui est aussi celle de Sixte-Quint ; à droite est le tombeau du grand pontife franciscain, sa statue est entre celle de son illustre patriarche saint François d'Assises et saint Antoine de Padoue ; à gauche est le tombeau de *saint Pie V*, pape dominicain, qui fut arraché de sa solitude de Sainte-Sabine pour conduire la barque de saint Pierre. La chambre qu'il a habitée au couvent de

Sainte-Sabine est aujourd'hui changée en chapelle.
On remarque le christ, au pied duquel il priait,
rendu aux dominicains par le pape Pie IX. On
remarque aussi une belle toile dans cette chambre ;
elle rappelle une visite faite au religieux dominicain par saint Philippe de Néri, qui lui avait
annoncé qu'un jour il porterait la tiare.

Le corps de saint Pie V est conservé dans une
grande urne de vert antique. On le voit le 5 mai,
jour de sa fête. Ce saint était très-vénéré du peuple
romain ; il avait pris une grande part à la bataille
de Lépante. La victoire fut attribuée à ses prières,
et elle lui fut révélée en présence des cardinaux
avec qui il travaillait pour les affaires de l'Église.
Il institua la fête de N.-D.-du-Rosaire le premier
dimanche d'octobre, pour en perpétuer le souvenir.

L'autre chapelle est la plus somptueuse de toutes.
Elle fut construite par l'illustre Paul V, de la maison
Borghèse.

C'est une richesse inouïe de peinture, de statues
et de pierres précieuses de lapis-lazzuli. C'est dans
cette chapelle qu'était renfermée la crèche du Sauveur. C'est aussi dans les caveaux que fut inhumé
saint Pie V, avant d'être élevé sur les autels. On
voit dans ce souterrain une magnifique statue
de saint Gaëtan, tenant l'enfant Jésus. Elle a été
élevée pour rappeler une apparition de la mère de
Dieu à ce saint. Cette chapelle est maintenant la
chapelle de Pie IX ; il l'a fait restaurer à ses frais.
On ne peut rien voir de plus brillant que cette chapelle, qui doit renfermer le tombeau de l'illustre
pontife.

Le magnifique autel de cette chapelle se termine
par un tabernacle, tout resplendissant d'or et de
pierres précieuses, qui a tout-à-fait la forme de
l'église du Saint-Sépulcre à Jérusalem.

L'église Sainte-Marie-Majeure possède aussi une image de la sainte Vierge peinte par saint Luc. C'est une de celles qu'on vénère le plus à Rome. Le tableau, enrichi de pierreries, est couvert d'un voile. La sainte image n'est visible que les jours de fêtes. Le 6 août 1837, elle fut portée avec pompe à l'église du *Gesu* pour demander la cessation du choléra qui ravageait Rome. Le pape Grégoire XVI suivit à pied l'image miraculeuse, laquelle resta exposée pendant huit jours, et le fléau cessa.

Dans cette église (Sainte-Marie-Majeure) sont les corps de saint Jérôme, de l'apôtre saint Mathias, et les tombeaux de plusieurs papes.

Sur la place, du côté du portail principal, s'élève une magnifique colonne de marbre blanc ayant appartenu au temple de Junon. Elle est surmontée d'une belle vierge en bronze doré.

Sur l'autre place, derrière le chœur, s'élève un obélisque surmonté d'une croix, et élevé par les soins de Sixte-Quint.

Sortis de Sainte-Marie-Majeure, nous suivîmes les belles rues de ce quartier pour voir les quatre fontaines dont une de ces rues porte le nom, et pour aller visiter la fontaine célèbre nommée la fontaine Trévis. C'est un énorme bassin au milieu duquel le dieu Neptune, couché, jette l'eau avec abondance ; plusieurs animaux symboliques jettent aussi l'eau. Cet ensemble composé de superbes cascades.

Nous sommes allés au palais Popoli faire visite au frère Siméon, directeur des Frères des écoles chrétiennes, et ami d'un de nos frères de Rouen ; il fut heureux de notre visite. Le palais Popoli est le collège français à Rome ; il est dirigé par les enfants du vénérable de la Salle. Notre ami, M. l'abbé Prayet, en est l'aumônier ; il y dit sa messe chaque matin et y donne le salut le soir des fêtes et du dimanche.

Notre journée s'est terminée par la visite de plusieurs magasins de mosaïques et d'objets d'art. Nous sommes passés dans divers quartiers pour étudier la physionomie des Romains. Les hommes du peuple sont ordinairement forts, musclés comme des hercules, les paysans surtout ; ils marchent gravement, en culotte courte, la veste sur les épaules. J'ai pu constater que l'aspect de la ville n'était plus le même qu'en 1864 ; il s'y était produit une grande métamorphose. Notre soirée s'est passée au palais Alfieri.

Costumes du peuple romain.

24 juin. La fête de saint Jean-Baptiste est d'obligation à Rome. J'attache à ce jour-là le souvenir le plus précieux de ma vie, celui de ma première communion. Nous sommes allés entendre la messe à l'église de Sainte-Marie-Madeleine, située sur une petite place, près du Panthéon. Cette église est magnifiquement ornée ; dans l'une des chapelles, remplie de nombreux *ex voto,* est le tombeau de saint Camille de Lellis, célèbre par sa charité, son dévouement au service des pauvres malades qu'il soignait dans les hôpitaux de Rome ; ce fut un autre saint Vincent de Paul. Le couvent des religieux de l'ordre des Clercs réguliers, ministres des infirmes, dont il fut le fondateur, est attenant à l'église. C'est là que le général de l'ordre réside. M. de Géramb, trappiste, y a eu sa résidence pendant son séjour, comme procureur de son ordre auprès de la cour de Rome. Le bon religieux, que je connaissais déjà, obtint pour nous la permission de visiter la chambre, convertie en chapelle, où mourut le 14 juillet 1614 saint Camille de Lellis. Dans cette chambre ont été conservés tous ses vêtements et les objets qui ont été à son usage :

Fête de saint Jean-Baptiste.

Eglise Sainte-Marie-Madeleine.

Saint Camille de Lellis.

le verre dans lequel il buvait dans sa dernière
maladie, et même un de ses membres ; son pied
porte encore l'empreinte de l'ulcère qui l'empêcha
de rester dans l'ordre des franciscains où il voulait
entrer ; il est dans un grand reliquaire soutenu par
un trépied en bois doré ; là aussi sont deux
tableaux : l'un représente le saint recevant le saint
viatique, à ses derniers moments, des mains du
cardinal Ginnasio, protecteur de son ordre ; l'autre
représente les obsèques du saint.

Ce religieux nous remit pour souvenir de notre
visite, de la part du général, un reliquaire contenant une précieuse relique *ex ossibus* de saint Camille de Lellis. Ce religieux était très-affectueux et
très-compatissant aux malheurs de la France ; en
nous embrassant, il nous promit le secours de ses
prières.

En traversant le marché Saint-Eustache, nous
fîmes l'achat de fraises qui devaient figurer dans
un thé que nous devions donner le soir comme
adieu à nos compagnons de voyage et à nos amis
de Rome.

Après le déjeuner, nous allâmes faire notre visite
d'adieu à Mgr de Nevers, qui devait quitter Rome
le lendemain matin. Il nous reçut avec sa bonté
ordinaire, nous exprima sa satisfaction de notre
présence à Rome. Il nous bénit une dernière fois
avec une sollicitude toute paternelle, et nous promit
que le soir, à sa dernière visite au Saint-Père, il lui
demanderait pour nous une faveur nouvelle. Quelle
était cette faveur ? Nous n'avions aucun droit de l'espérer ! C'est vraiment le cœur serré, mais plein de
reconnaissance, que nous quittâmes ce saint évêque.

Nous allâmes voir Saint-Jean-de-Latran, où la fête
était plus solennelle que partout ailleurs. L'office
est magnifique et célébré par un prélat romain. La

Visite d'adieu à Mgr de Nevers.

La Saint-Jean-Baptiste célébrée à Saint-Jean-de-Latran.

basilique était encombrée. Les saintes reliques qu'elle possède étaient exposées à la vénération publique. On distinguait parfaitement la table de la Cène exposée au-dessus de l'autel de la chapelle du saint Sacrement, autour de laquelle plusieurs lumières brillaient.

A côté de Saint-Jean-de-Latran, s'élève à l'est un monument modeste, appelé le Saint-des-Saints. C'est un sanctuaire confié à la garde des passionnistes, qui renferme la *sancta scala,* ou l'escalier saint, en marbre blanc, du palais de Pilate, que Notre-Seigneur arrosa de son sang après sa flagellation, lorsqu'il fut contraint d'en monter les vingt-huit marches ; c'est de là que Pilate montra le Christ au peuple, en disant : *Ecce Homo.* L'escalier a été apporté de Jérusalem à Rome par sainte Hélène ; il est recouvert d'un surtout en bois. Il est placé au milieu du sanctuaire, à l'entrée, entre deux autres escaliers ; on ne le monte qu'à genoux, et on récite à chaque marche un *Pater* et un *Ave* pour gagner les précieuses indulgences qui y sont attachées.

Au haut de cet escalier est le sanctuaire appelé proprement dit le Saint-des-Saints ; l'œil y pénètre à travers une grille ; on y entre difficilement, excepté quelques jours de l'année, pour y vénérer une sainte image de Notre-Seigneur, en grande vénération à Rome. D'après la tradition, elle aurait été commencée par saint Luc et achevée par les anges, en présence des apôtres assemblés. Cette image, que j'eus le bonheur de vénérer et de contempler la veille de Noël 1863, porte, sous l'œil droit, une cicatrice, fort bien marquée, qu'aurait fait une pierre lancée par un impie, un jour que la sainte image était portée triomphalement de Saint-Jean-de-Latran à Sainte-Marie-Majeure, dans un temps de calamité. On redescend par l'un des deux escaliers établis de chaque côté. Au bas de l'escalier de l'*Ecce Homo*, sont deux groupes magnifiques : l'un représente Jésus-Christ recevant le baiser de Judas, d'une exécution saisissante. Le religieux préposé à la garde du sanctuaire nous offrit une notice du saint escalier et une photographie. J'eus l'honneur de recevoir des mains du Saint-Père, en 1863, un magnifique camée enchâssé d'or, représentant l'image du Saint-des-Saints, sur laquelle la cicatrice est parfaitement marquée. Nous ne pûmes, en montant le saint escalier, voir le tableau. Il est toujours renfermé.

Nous sommes allés le même jour voir la belle église Saint-Martin-du-Mont, résidence du général des carmes. Ce monument est sous le vocable de saint Martin, parce que le corps de saint Martin, pape, exilé dans la Grèce, où finirent bientôt ses souffrances et sa vie, fut rapporté à Rome et déposé dans une chapelle bâtie à cet endroit, qui fut plus tard transformée en église par saint Sylvestre. Cette église fut embellie par les carmes lorsqu'elle vint en leur possession. Ce sont partout des belles peintures, des marbres choisis; les trois nefs sont composées de colonnes de marbre antique d'ordre corinthien. Rien ne peut surpasser la beauté et la richesse du maître-autel et du chœur.

Dans une chapelle, est le corps parfaitement conservé du bienheureux cardinal Thomassi, mort le siècle dernier. Je n'avais point entendu parler encore de ce saint, qui me parut fort peu connu. On nous a dit qu'il était pourtant béatifié. Nous nous retirâmes satisfaits des renseignements que nous avions eus dans cette église, et de savoir que là reposaient les corps de saint Sylvestre, pape, et saint Martin, dans la crypte, sous le maître-autel.

Souterrain allant aux catacombes.

Triste événement.

Au-dessous de cette église est un souterrain qui communique aux catacombes. On raconte avec effroi qu'une troupe de collégiens, s'étant un jour engagée dans ce dédale obscur, ne reparut jamais. On suppose qu'ils furent enfermés par quelque éboulement et condamnés à mourir dans cet affreux souterrain. — Ce souvenir nous a souvent attristé.

Après la visite de Saint-Martin-du Mont, il était temps de dîner. Ce fut à la station, au restaurant français, que nous nous mîmes à l'abri des ardeurs du soleil. Nous avons eu lieu d'être satisfaits du maître d'hôtel et de la carte à payer. Nous étions là près de deux églises célèbres par les antiquités et les reliques qu'elles renferment. Elles sont entre Sainte-Marie-Majeure et Saint-Jean-de-Latran, sous l'invocation de sainte Praxède et de sainte Pudentienne. Ces deux saintes étaient sœurs, filles de patrice Pudens, qui donna l'hospitalité à saint Pierre lorsqu'il vint la première fois à Rome, l'an 42, c'est-à-dire neuf ans environ après la mort du Sauveur. Ces deux églises sont à peu de distance l'une de l'autre.

Eglise de Ste-Praxède.

Nous nous dirigeâmes d'abord vers l'église Sainte-Praxède ; celle-ci est confiée aux soins des religieux de l'ordre de la Vallombreuse, fondé par saint Jean Gualbert, qu'on fête le 12 juillet.

C'était l'heure de la sieste, et la porte du monastère, alors fermée, s'ouvrit pour les deux membres de la députation française. Le re'igieux sacristain interrompit son repos et, avec un empressement gracieux, nous fit visiter, dans tous ses détails, cette église, toujours intéressante, quoiqu'elle ait subi bien des modifications depuis sa fondation. Elle fut consacrée au IIe siècle par le pape saint Pie Ier ; plus tard, le pape saint Pascal Ier, en 817, l'agrandit et l'orna de riches mosaïques qu'on voit ncore. Il la divisa en trois nefs soutenues par des colonnes de granit. Saint Charles Borromée, qui en était cardinal titulaire, la fit restaurer et embellir. Une chapelle à gauche est dédiée au saint archevêque de Milan. On voit son chapeau de cardinal appendu à la voûte, et on y conserve une grande table sur laquelle il donnait à manger aux pauvres et les servait de ses propres mains avec une tendre et affectueuse dévotion.

Le bon religieux, prenant son couteau de sa poche, nous en coupa un petit morceau à chacun, que nous gardons comme relique. Il nous conduisit à la chapelle en face pour nous faire vénérer le tronçon de la colonne à laquelle Notre-Seigneur fut attaché pendant la flagellation. C'était surtout ce trésor apporté de Jérusalem, où elle était vénérée des fidèles, à Rome, par le cardinal Colonna, en 1223, et placée dans l'église Sainte-Praxède, que nous devions voir. Elle est enfermée dans une niche richement ornée, encadrée d'un verre très-épais. Cette colonne est de jaspe veiné vert et blanc; elle a un mètre environ de hauteur; elle est à Rome, comme elle était à Jérusalem, en grande vénération. On fait toucher, par dévotion, des linges et des chapelets. On conserve sous l'autel de cette chapelle les corps de saint Zénon et de saint Valentin, martyrs.

Fragment de la colonne de la flagellation.

Le corps de la sainte patronne est renfermé dans un tombeau richement décoré, sous le maître-autel. Plusieurs lampes y brûlent nuit et jour.

L'église renferme plus de deux mille trois cents corps saints apportés des catacombes ; on pourrait dire qu'elle est le cimetière des saints. Au milieu de l'église est une représentation touchante du zèle de sainte Praxède exercé en ces lieux mêmes. On la voit à genoux sur le bord d'un puits, exprimant

Le cimetière des saints.

avec une éponge le sang des martyrs qui coule dans ces souterrains.

Au bas du temple, le religieux nous fit toucher une table de marbre incrustée dans le mur, sur laquelle, rapporte la tradition, sainte Praxède couchait par pénitence. Il nous fit aussi remarquer le lieu où reposait le corps de saint Célestin I", rapporté aussi des catacombes ; l'épitaphe est authentique. L'église est sombre, cependant on y remarque de belles toiles. La plus remarquable est une flagellation peinte par le célèbre Jules Romain, et un saint Jean Gualbert, qui fonda l'ordre de la Vallombreuse.

Le frère nous fit passer à la sacristie pour nous offrir des petites bandes de tissus imprimées représentant exactement la colonne. Sa mesure représente la hauteur de la colonne ; il est écrit dessus : *Misura della colonna di Cristo Nro signoré alla qualé fu flagellato.* Nous en prîmes plusieurs pour offrir à nos amis, comme souvenir de Rome, et nous remîmes une offrande au bon religieux, que nous remerciâmes en toute l'effusion du cœur de sa bonté extrême. Il voulut nous donner l'accolade fraternelle — baiser de paix — et nous remercia de notre visite, sans vouloir accepter nos excuses de l'avoir dérangé. L'heure de la sieste étant passée, nous pouvions aller sans crainte visiter l'église Sainte-Pudentienne.

Eglise de Sainte-Pudentienne.

L'église s'élève sur les ruines même de la maison de Pudens ; on en voit certains vestiges, que le temps semble avoir respectés, dans la cour du couvent et dans la nef de l'église. On est, dans cette église, au berceau du christianisme. C'est là que saint Pierre commença à exercer les fonctions de son apostolat, dans la maison de saint Pudens, qu'il convertit à la foi, ainsi que sa femme et ses quatre enfants, deux garçons, saint Novatus et saint Timothée, et les deux saintes que nous connaissons déjà. Cette église a la même antiquité et les mêmes souvenirs que celle de Sainte-Praxède. Elle renferme plusieurs milliers de corps saints apportés des catacombes. C'est aussi le pape saint Pie Ier qui la fit construire et la consacra. Dans la nef, au milieu de l'église, est une grille qui recouvre un puits profond rempli de saints ossements, et dans lequel la sainte exprimait, comme sa sœur, le sang des martyrs, recueilli avec des linges et des éponges. Les nefs sont composées de belles colonnnes antiques de marbre blanc ; au fond de la nef, à gauche, on voit un groupe de marbre blanc remarquable ; il représente le Sauveur donnant les clefs au prince des apôtres. L'autel renferme l'autel de bois sur lequel saint Pierre célébrait en ce lieu les saints mystères. Une inscription l'indique. Le pavé en mosaïque de cette chapelle est celui de l'antique maison ; il a été foulé par saint Pierre et son hôte. La chaire de saint Pierre, conservée avec tant de soin dans la chaire en bronze à la basilique vaticane, est, dit-on, la chaise portative du sénateur Pudens que celui-ci céda à l'apôtre, afin qu'elle lui servît de chaire et de siége pontifical pendant les offices. Le corps de la sainte patronne de l'église est aussi dans un magnifique tombeau, au maître-autel.

La chaire de saint Pierre.

En face est le couvent de l'Enfant-Jésus. Des religieuses se dévouent à élever des pauvres orphelins. Le temps ne permettait pas de le visiter. Nous retournâmes à Saint-Jean-de-Latran pour assister au salut solennel.

Notre douce contemplation des montagnes de Sabine fut interrompue par la pensée de notre réception. Le soleil baissait à l'horizon. Un omnibus nous mit sur la place du Gésu, tout près de notre logement. Peu de temps après nous faisions les honneurs de notre thé. C'était encore la signora Rosa qui avait pourvu aux frais du festin : des vins qu'elle nous avait offerts gratuitement lors de nos premières agapes, du Marsala et du Champagne, avec invitation expresse de porter des toast à Mgr le cardinal archevêque de Rouen, et à M. Maupas, directeur des hospices ; il restait deux bouteilles qui furent vidées dans les conditions prescrites. A cela ajoutez une tasse d'excellent thé offert au Saint-Père par des évêques chinois qui en avaient fait une petite part au bon abbé Prayet, notre convive. Nous passâmes en famille une délicieuse soirée ; le bon abbé Prayet, qui a le bonheur d'approcher souvent du pape, était si intéressant dans ses récits. Nous fîmes la conduite à nos convives, afin de mieux connaître Rome et savoir les noms des édifices auprès desquels nous passions. Ici, est une belle église qui porte le nom de Saint-Charles. Elle est vaste et magnifique, et

surmontée d'une coupole, comme celle qui est déjà dédiée à ce grand saint, sur le Corso. Elle est desservie par les religieux Barnabites, dont le couvent est contigu à l'église.

Cette église possède une madone miraculeuse, très-vénérée des Romains, sous le titre de Notre-

Dame-de-la-Divine-Providence. Elle est dans une des chapelles en entrant, entourée de sept lampes qui brûlent constamment. Tout Rome a en honneur cette madone de l'église Saint-Charles. La fête de Notre - Dame - de - la - Divine - Providence, qui se fait très-solennellement dans le mois de novembre, est précédée d'une neuvaine publique préparatoire. Une association s'est formée depuis longtemps dans le but d'obtenir le secours temporel dont on a besoin en ce monde ; elle compte par milliers le nombre de ses agrégés. Les cardinaux et les papes sont venus souvent s'agenouiller devant cette mère de la Providence dans les temps de famine et d'épreuves diverses. Cette image représente la sainte Vierge tenant l'enfant Jésus endormi dans ses bras. Une légende rapporte son origine et les prodiges qui donnèrent lieu à la grande vénération dont elle est l'objet. Notre bon abbé Prayet ne manque jamais, en sortant de chez lui pour dire sa messe, d'y faire son pélerinage de prédilection. C'est sa madone vénérée ; elle est au chevet de son lit, le seul ornement de sa pauvre chambre. Ajoutons que l'abbé Prayet était un saint pour M. Picard, curé de la cathédrale de Rouen, qui aimait à rappeler que ce vénérable prêtre l'avait souvent édifié, pendant son voyage à Rome en 1863, par sa pauvreté et son pieux détachement des choses de ce monde.

Nous embrassâmes notre bon abbé en le quittant aux pieds de N.-D.-de-la-Divine-Providence, et nous revînmes à notre retraite, en nous disant avec amertume : Encore quelques jours, et Rome ne sera plus pour nous qu'un songe ou qu'un souvenir. *Amen.*

Le 25 juin, à six heures du matin, nous assistions à la messe du général des jésuites, dans la chambre de saint Ignace, pour laquelle nous avions reçu une invitation. Plusieurs dames de distinction avaient été admises aussi à l'intérieur, mais par une faveur spéciale, car les femmes n'y pénètrent pas. La maison du Gésu est très-vaste, et la chambre qu'habitait le saint fondateur de la compagnie donne sur la rue, au premier étage. Cette chambre est pleine de précieux souvenirs pour les jésuites. C'est dans cette chambre que moururent saint Ignace et saint François de Borgia. Nous l'avons déjà décrite.

Nous fûmes touchés de la piété et de l'attitude du

25 juin. — Messe dans la chambre de saint Ignace.

R. P. Beckx. Après sa messe, il nous fit demander dans une autre chambre qui servait de cabinet de travail à saint Ignace, et nous remit une image de la sainte Vierge, copie de la madone vénérée dans l'église, pour souvenir de l'assistance à sa messe. Il nous fit observer ces appartements sanctifiés par le travail et les prières de saint Ignace, en nous montrant du doigt certains pavés sur lesquels il paraissait voir l'empreinte des genoux du saint ; il nous dit : C'est là que saint Ignace écrivit nos constitutions ; c'est là qu'il passait à genoux six heures en oraison ou plutôt en extases ; c'est là qu'on l'entendit s'écrier un jour dans un accès d'amour de Dieu : « Que la terre me semble méprisable quand je regarde le ciel ! » Et le bon Père ouvrit la fenêtre ; puis, tirant un rideau, il nous fit voir le portrait exact de saint Ignace, de grandeur naturelle ; il est revêtu de ses propres habits sacerdotaux et sa barette sur la tête. Tous les vêtements, même les souliers, sont ceux de saint Ignace. Nous quittâmes cette chambre, émus de tant de souvenirs réveillés par ce vénérable représentant de saint Ignace. Alors il nous fit de nouveau ses adieux, et nous donna sa bénédiction pour nous et pour tous les pères de la résidence de Rouen, qu'il bénissait en nous.

Nous reprîmes notre course, après déjeuner, et nos pas se portèrent sur la piazza d. Crociferi, pour faire une visite au R. P. Virili, postulateur de la cause du B. Labre. Je lui rappelai les sommes assez rondelettes que j'avais eu le bonheur de lui envoyer pour la canonisation du bienheureux. Il nous montra les gros dossiers du procès et les prophéties sur l'incendie de Paris, que le B. Labre comparaît déjà de son temps à Babylone. Il nous offrit deux reliquaires renfermant des reliques *ex ossibus* du bienheureux pélerin français. Il nous remit une

Prédictions du bienheureux Benoît Labre sur les désastres de Paris.

arte pour aller visiter la chapelle qui, près de là, renferme les reliques du B. Labre, et dans laquelle on dit la sainte messe plusieurs fois la semaine.

Cette chapelle est un bijou. L'autel est magnifiquement paré ; un des reliquaires renferme trois dents et une partie de sa mâchoire. On conserve tout autour de cette chapelle dans des armoires vitrées tous les objets à son usage trouvés à sa mort : une boîte en fer-blanc, un mouchoir, son chapeau à trois cornes, rapé, son écuelle en bois, dans laquelle il recevait la soupe dont on lui faisait l'aumône à la porte des monastères, son bréviaire, on chapelet, et divers objets sur lesquels il est mort. La misérable paillasse sur laquelle il rendit le dernier soupir est à Amette, sous le maître-autel. Les personnes qui ont la garde de cette chapelle furent très-courtoises pour nous, et s'empressèrent de se mettre à notre disposition. Nous lûmes aussi la dernière lettre quo le saint écrivit à sa famille. Elle est datée de Suze, en Piémont. Elle est empreinte de sentiments de foi, de piété et de respect pour ses parents, à qui il donne rendez-vous au ciel, en les exhortant à éviter l'enfer.

De là, nous allâmes à l'église Saint-André *del Fratté*, si célèbre par la conversion de M. de Ratisbonne, le 21 janvier 1843. C'est dans la seconde chapelle, à gauche, que s'opéra ce prodige qui émut la catholicité tout entière.

Une fête a été instituée à Rome pour perpétuer ce grand événement. Elle porte le titre de fête de la Médaille miraculeuse. Le jeune de Ratisbonne, juif de notion, possédait les qualités du cœur et de l'esprit ; il ne lui manquait quo d'être chrétien pour être parfait. On priait pour lui à N.-D.-des-Victoires à Paris. Le 21 janvier 1843, sortant dans Rome en voiture, avec son ami M. de Bussière, celui-ci eut besoin de descendre pour une visite assez longue, et laissa M. de Ratisbonne seul devant l'église Saint André ; ennuyé, il descendit de voiture et se sentit poussé à visiter cette église, ce qu'il ne faisait pas ordinairement. Lorsqu'il fut devant la chapelle dédiée à saint Michel, il eut une vision subite de la très-sainte Vierge, qui lui apparut sous la forme représentée sur la médaille miraculeuse. D'un regard, elle parut lui reprocher son obstination ; il tomba évanoui sur la marche de l'autel. Son ami, étonné, vint le chercher à l'église, et le trouva le visage contre terre, son chapeau à côté de lui. Supposant bien qu'il s'était passé quelque chose de surnaturel, il l'interroge, et sa réponse fut celle-ci : « Elle ne m'a rien dit, mais, j'ai tout compris ». Quelques jours plus tard, il fut instruit et baptisé à Rome. Renonçant à un riche mariage, il entra dans la compagnie de Jésus. Deux magnifiques tableaux représentant, l'un l'apparition, et l'autre son baptême, ornent cette chapelle de chaque côté ; au milieu est un beau tableau représentant la médaille miraculeuse. Le prince Tornolia fit tous les frais de cette chapelle. Une inscription rappelle cet événement, et plusieurs lampes brûlent nuit et jour devant le tableau de la sainte Vierge.

En sortant, je fus émerveillé d'entendre la mélodie d'un rossignol captif dans sa cage ; il était sous les frais ombrages d'une fenêtre garnie d'arbustes. Je m'arrêtai assez longtemps pour l'entendre chanter.

Couvent des Capucins.
Nous nous rendîmes de là au couvent des Capucins pour visiter leur curieux cimetière souterrain. Ils avaient l'habitude d'enterrer leurs morts dans la chaux vive, et d'entasser les ossements en forme de chapelle. Chose bizarre, les lampes qui brûlent dans ces lieux funèbres sont faites avec des osse-

nents. Il y a beaucoup de squelettes qui ont encore
outes leurs dents et leur barbe, même leurs habits
le capucin. Il y a une chapelle funéraire dans le
:aveau où l'on dit la messe.

Ce qui est étonnant, c'est de voir au plafond
l'une travée le squelette d'un enfant du prince
Torlonia. Le gouvernement de Victor - Emmanuel
a interdit, ce mode de sépulture. Les capucins
ont maintenant inhumés dans les cimetières de la
ville. Nous avons vénéré dans cette église remplie
le richesses artistiques le tombeau de saint Félix
Je Cantalice, si admirable par sa simplicité et son
humilité ; son corps repose dans une chapelle à
gauche, il est dans un sarcophage en porphyre.
L'histoire de sa vie raconte que, voyant un jour cet
ancien tombeau quelque part, il s'écria : Dans
quelque temps il renfermera mon corps ! Ce qui se
vérifia.

En face, est le corps parfaitement conservé du
bienheureux Crispin de Viterbe, capucin, mort à
Rome en 1750. C'est le corps saint le mieux
conservé que nous ayons vu, témoignage authentique de sa sainteté. Il conserve encore toute
sa barbe, qui a bien 25 centimètres de longueur.
Ce saint mourut très-âgé. Les cardinaux venaient
le visiter dans sa dernière maladie; on nous donna
une image qui est son véritable portrait.

Le religieux qui nous conduisait nous montra
aussi une copie du Christ qu'on appelle le Christ
du diable. L'original est à Milan. D'après la légende,
c'est le diable qui l'aurait fait, sur la demande
imprudente d'un jeune homme impie qui lui demandait de lui représenter exactement le Christ comme
il était sur la croix. La vue de ce christ glace d'effroi ; on ne peut le regarder sans être touché ; il est
meurtri, déchiré de coups et couvert de sang des

Le bienheureux Cris-
pin de Viterbe.

pieds à la tête. La reproduction de cette image est défendue au commerce ; on s'en procure des photographies en secret. L'histoire rapporte qu'à cette vue le jeune homme se convertit et se fit capucin, après avoir arraché ce tableau des mains de Lucifer. Il est, dit-on, en grande vénération chez les capucins de Milan.

Le même jour nous sommes allés au couvent de la Trinité-du-Mont, occupé par des dames françaises chargées de l'éducation des jeunes demoiselles de la haute société. La supérieure, dame d'une grande noblesse, accueillit avec beaucoup d'amabilité ses compatriotes. Elle nous félicita de la mission que nous étions venus remplir, et voulut nous faire voir le portrait d'une vierge devenue célèbre sous le titre de *Mater admirabilis* ; elle avait été peinte sur le mur d'un corridor conduisant aux dortoirs, par Mlle Perdreau, sœur du curé de Saint-Etienne, à Issy, près Paris. C'est une vierge assise tenant à la main un fuseau. L'œuvre terminée, Mlle Perdreau retourna à son couvent, à Paris, sans se douter qu'elle laissait au couvent des dames françaises à Rome une peinture qui devait avoir une grande célébrité, due à une visite que fit Pie IX au couvent, en 1846 ; il vit la vierge, s'agenouilla et pria devant le tableau ; les assistants l'imitèrent. Le pape l'invoqua sous le titre de *Mater admirabilis*, en appliquant des indulgences pour tous ceux qui prieraient devant cette image. Aussitôt un autel fut dressé, et le corridor devint une chapelle. Le tableau de la vierge *Mater admirabilis* est depuis en grande vénération, et visité par tous les pélerins ; ce couvent fut l'asile désigné, par Sa Sainteté Pie IX, à la vénérable mère Macrine, supérieure des Basiliennes de la Pologne, qui, avec ses religieuses, et après avoir éprouvé bien des tourments, parvinrent à

'échapper de leur dure captivité et vinrent chercher
n asile à Rome. Le couvent appartient à la
'rance ; nos souverains en furent les protecteurs.
'ar sa position, près du Mont-Pincio, il domine
Rome, et du pérystile de l'église on a une vue
magnifique. C'est là que devait avoir lieu notre
éunion avec le bon curé Marmaz, notre compagnon
le voyage, et M™° la baronne de Portzampare, d'où
nous devions aller visiter ensuite plusieurs ruines
antiques, derniers vestiges des Thermes, et nous
endre à la villa Caserta.

La villa Caserta est habitée par les religieux de
'ordre du saint Rédempteur. Les rédemptoristes
nt été fondés par saint Alphonse de Liguori ; ils
ont depuis sous son invocation. Leur église est du
style gothique pur, la seule de ce genre à Rome.
Notre visite avait pour principal objet d'y voir
'image miraculeuse de Notre-Dame-du-Perpétuel-
Secours, très en renom à Rome et vénérée dans
cette église. Voici ce que l'on rapporte à ce sujet :

Au xv° siècle, les Turcs envahirent plusieurs
contrées méridionales de l'Europe. En ce temps-là,
vivait dans l'île de Crète un pieux marchand dont
e trésor le plus précieux était une image miracu-
euse de la vierge Marie. Contraint de s'exiler avec
un certain nombre de ses compatriotes, il emporta
avec lui l'image tutélaire pour ne pas la laisser
exposée aux outrages des musulmans. Il fit voile
pour l'Italie et dut à la possession de la pieuse représentation de la Vierge d'échaper à un naufrage.
Ainsi préservé, il se dirigea vers Rome, d'où le
précieux tableau ne devait plus sortir, ainsi que
lui, car il mourut bientôt après dans de grands
sentiments de piété.

Après sa mort, la sainte image fut placée solennellement dans l'église Saint-Mathieu, desservie

par les Augustins, entre Sainte-Marie-Majeure et
Saint-Jean-de-Latran, sur le Mont-Esquilin, où,
pendant trois siècles, elle opéra les plus grands
prodiges. L'église fut détruite par la révolution qui
marqua la fin du dix-huitième siècle, et la sainte
image fut cachée, et, peu à peu, elle tomba dans
l'oubli ; mais en 1866, Pie IX la remit en honneur
et la confia aux enfants de saint Alphonse qui
venaient de relever les ruines de l'antique église
où la Madone miraculeuse était en si grande vénération. De grandes solennités marquèrent cette
nouvelle prise de possession, et le 23 juin 1867,
elle fut l'objet d'un nouveau triomphe : la sainte
image fut couronnée solennellement par le chapitre
du Vatican, au son des cloches des vieilles basiliques et du canon de la Ville Éternelle.

Un sentiment de piété, mon cher Théodule, nous
a déterminés à rapporter, de Rome, pour notre
église, chacun une de ces images miraculeuses de
la sainte Vierge en si grande vénération, lui conservant le titre indiqué de N.-D.-du-Perpétuel-Secours.
Les copies de la sainte image nous ont été fournies
par les religieux à la villa Caserta, résidence du
général des rédemptoristes, mais à de sérieuses
conditions. Le frère Charles, chargé de tout ce qui
regarde la propagation du culte de la sainte madone,
nous avait reçus avec une grande démonstration de
joie, car lui aussi est Français ; il a laissé sa famille
à Metz, pour entrer dans la congrégation des rédemptoristes. Intelligent, plein de zèle et d'ardeur pour
tout ce qui touche au culte de N.-D.-du-Perpétuel-
Secours, il nous montra l'une des copies du tableau.
Ce religieux nous cita un fait particulier ; il nous
dit qu'il n'y avait qu'un seul peintre qui put
réussir à reproduire la sainte image. Nous quittâmes
la villa Caserta avec la consolation d'avoir accompli

e pieuse mission dont nous nous sentions inté-
urement chargés.

Nous étions au 25 juin, et déjà le jour du départ
us apparaissait prochain. Nous devions, dans la
irée, faire nos adieux au bon abbé Prayet, qui
us attendait pour passer les dernières heures de
tte journée. Il nous offrit de précieux reliquaires
ntenant des reliques du tombeau de la sainte
ierge et de saint Joseph, et aussi quatre reliquaires
ntenant des reliques insignes *ex ossibus* de
int Mathieu, apôtre ; de saint Clément, pape ; de
int Laurent et de saint Eustache, martyrs. Ces
liquaires lui avaient été donnés par le Saint-Père
i-même, et ce brave abbé en fit le sacrifice pour
us. Il nous donna encore d'autres choses pré-
euses que nous sommes heureux de posséder.

Une de nos dernières visites fut à l'église Sainte-
écile, bâtie sur l'emplacement de la maison de la
inte, dont on voit encore les vestiges sur l'ancien
hamp-de-Mars. La piété romaine érigea de bonne
eure un sanctuaire sur l'emplacement du somp-
ueux palais appelé Sainte-Cécile de Domo. Cet
ntique sanctuaire fut restauré avec une grande
unificence par le pape Benoît XIII, dans le siècle
ernier.

Sainte Cécile était de la race des Cœcilius,
mille des plus illustres. Pieuse et chrétienne, elle
t forcée de s'unir à un jeune patricien nommé
alérien, qui était païen, elle le convertit le jour
ême de ses noces. Persécutée par l'empereur
axime, pressée par le préfet Almachius de sacri-
er aux faux dieux, sainte Cécile refusa avec indi-
nation. Almachius ordonna qu'elle fût enfermée
ans la salle des bains de son palais, afin d'y être
sphyxiée par la vapeur embrasée. Elle y passa un
our et une nuit sans être incommodée ; comme les

Le 25 juin.

Soirée d'adieux à l'abbé Prayet, qui nous fait don de plusieurs reliques.

Église Sainte-Cécile.

enfants de la fournaise, une rosée céleste tempérait les ardeurs de cet affreux séjour. Un licteur eut l'ordre de lui trancher la tête. Le corps de la sainte réduit par la souffrance fut déposé dans un cercueil formé de planches de cyprès, et l'on plaça aux pieds les linges et les voiles dans lesquels on avait recueilli le sang de la martyre. La nuit suivante le précieux dépôt fut porté sur la voie Appienne, aujourd'hui catacombes Saint-Calixte. Valérien, Tiburce et Maxime, ses frères, reposaient tout près de là.

En 821, le pape Pascal restaura la basilique Sainte-Cécile, qu'il orna avec beaucoup de magnificence, et y fit de riches présents, pour y déposer le corps de la sainte, retrouvé miraculeusement dans les catacombes. Elle fut rebâtie par le cardinal Sfondrate, neveu du pape Grégoire XIV, en 1599. On ouvrit le tombeau de sainte Cécile et on constata encore la complète intégrité de son corps, couché sur le côté, les cheveux épars sur ses épaules. Le tombeau de sainte Cécile est placé devant le maître-autel. La sainte y est représentée couchée comme elle fut trouvée dans son sépulcre. Cette statue est de marbre blanc et produit un bien bel effet. Le tombeau est orné d'albâtre, de lapis-lazulli, de jaspe, d'agathe et de bronze doré. Un grand nombre de lampes brûlent continuellement à ce tombeau.

Un couvent de religieuses bénédictines est joint à cette église. Nous avons visité la salle des bains où sainte Cécile souffrit son glorieux martyre ; les conduits et l'hyppocauste, espèce de chaudière, existent encore. Nous avons aussi vu les dalles de marbre qui recouvrent les reliques des saints martyrs Valérien, Tiburce et Maxime.

De là nous allâmes, tout près, visiter l'église

Saint-François, à Ripa, desservie par des religieux franciscains. Elle est bâtie avec le couvent attenant sur l'emplacement qu'occupait la maison d'une sainte veuve qui donna l'hospitalité à saint François d'Assise, la première fois qu'il vint à Rome. Cette église est grande et bien bâtie, dans un quartier propre et bien aéré du Transtevère, sur le bord du Tibre. Elle possède le tombeau de la bienheureuse Louise d'Albertone, grande dame romaine, morte en 1533, dont la fête est le 31 janvier. Elle est très-vénérée, en souvenir de sa charité pour les malheureux. Pendant une grande famine qui désolait l'Italie, elle vendit ses grands biens pour soulager les pauvres, et se réduisit elle-même à l'indigence, pour secourir les infortunes. Mère de famille, elle ne négligea rien pour inspirer à ses enfants l'amour de Dieu et la pratique de toutes les vertus, leur répétant sans cesse ce que la reine Blanche disait à son fils. Elle reçut l'habit du tiers-ordre de saint François des mains des frères mineurs de l'Observance. Son magnifique tombeau est à gauche du maître-autel, dans une chapelle. La sainte est représentée couchée, et la statue, en marbre blanc, est de grandeur plus que naturelle. Nous suivîmes les bords du Tibre, l'hôpital du Saint-Esprit, et nous revînmes chez nous, par la place Saint-Pierre, bien fatigués de cette laborieuse journée.

En rentrant, la signora Rosa nous remit, de la part de Mgr l'évêque de Nevers, une petite boîte revêtue du sceau épiscopal, et contenant deux anneaux en or que Sa Sainteté Pie IX avait daigné porter à notre intention dans la soirée du 24. Touchante attention du Saint-Père et du vénérable évêque dont nous bénirons à jamais la mémoire ; un authentique portait cette mention :

« Nous certifions que le Saint-Père a daigné
» mettre ces deux anneaux à son doigt.

» Signé : † Aug., évêque de Nevers. »

Que l'on juge du bonheur que nous éprouvâmes
en essayant immédiatement ces anneaux d'un si
grand prix. Je conserve soigneusement la boîte, le
cachet et le précieux authentique.

La soirée ne pouvait finir plus heureusement
pour nous.

26 juin.

Le 26 juin au matin, jour où est célébrée la fête
de saint Jean et saint Paul, martyrs, nous nous
mîmes en marche pour nous rendre à l'église de ce
nom. Passant derrière le Colysée, notre première
visite fut à l'église de Saint-Grégoire-le-Grand.

Église de Saint-Gré-
goire-le-Grand.

Cette église a été construite sur l'emplacement du
palais de l'illustre pape qui, de son temps, en avait
fait un monastère, lequel existe encore. Occupé
par les religieuses Camaldules, fondées par saint
Romuald, Grégoire XVI en était le général et habitait cette maison lorsqu'il fut élu pape. Cette
maison a été une pépinière de saints ; toute la
famille de saint Grégoire mérita les honneurs des
autels.

Une cour carrée, avec un long pérystile de
chaque côté, précède l'église ; de magnifiques peintures ornent l'intérieur. Le maître-autel est d'une
grande richesse ; à côté, à droite, est la chambre
qu'occupait saint Grégoire ; elle a été convertie en
chapelle ; au fond est le siége pontifical du saint,
sur lequel il prononça plusieurs de ses homélies.
Dans le mur est une pierre qui lui servait de lit.

Avant d'arriver à l'église Saint-Jean et Saint-
Paul, magnifique basilique, il faut passer sous de
vieilles arcades, ruines imposantes, et devant les
bains de Caracalla, dont les salles sont encore debout
et ornées de mosaïques. Un inscription au portique

de l'église Saint-Jean et Saint-Paul , qui appartient aux religieux passionnistes, indique qu'une indulgence plénière quotidienne y est attachée, comme dans beaucoup d'autres églises de Rome, aux conditions que l'Église impose pour mériter cette grâce. L'église est vaste et claire, et composée de trois nefs ; elle est soutenue par des colonnes de marbre antique ; un doux parfum s'exhalant des bouquets qui ornaient le maître-autel remplissait l'église. Là est le tombeau des deux saints, martyrs sous Julien l'apostat. La place où ils consommèrent leur sacrifice est entourée d'une balustrade ; elle était ornée d'un tapis de fleurs. Tout dans cette église respirait un air de fête. Nous y rencontrâmes notre bon abbé Marmaz, qui venait y célébrer la messe des saints martyrs à l'autel de gauche, où repose le corps de saint Paul de la Croix, fondateur des Passionnistes, mort en 1757, dans le couvent attenant à l'église, et canonisé avec saint Léonard, de Port-Maurice, aux fêtes du centenaire de saint Pierre.

Église Saint-Jean et Saint-Paul, le jour de leur fête.

Après la messe, les religieux nous firent voir le corps de leur saint fondateur, couché sous l'autel ; un simple rideau le cache aux regards dans les temps ordinaires, mais il était recouvert d'une boiserie solide pour le soustraire aux impiétés des Italiens ; il est bien conservé et est revêtu de ses habits de l'ordre tout simplement.

On raconte que, jeune encore, l'abbé Mastaï voulait se faire passionniste. Il se présenta au général de l'ordre, au couvent de saint Jean et saint Paul, pour solliciter son admission. Le général, en le voyant, lui dit : « Allez, mon fils, vous ne serez pas religieux de notre ordre : vous êtes appelé à de plus grandes choses ! »

Pronostic annonçant l'élévation du Saint-Père (l'abbé Mastaï).

Il est d'usage d'offrir à déjeuner, dans les couvents, aux prêtres qui célèbrent dans leur église ;

Déjeuner aux pèlerins dans le couvent.

aussi on vint inviter notre bon abbé, en nous priant
de vouloir bien l'accompagner. On nous conduisit
dans une salle où déjà prenaient part au déjeuner
plusieurs pélerins. On nous offrit une tasse de café
au lait avec des tartines et un verre d'excellente
limonade. Les religieux étaient pleins de bonté et
de prévenance pour nous. Ils nous donnèrent, pour
souvenir, une gravure représentant le martyre de
saint Jean et saint Paul, représentation exacte du
grand tableau du maître-autel, regardé comme
véritable chef-d'œuvre. Ils nous firent visiter une
magnifique chapelle qu'ils font construire à côté de
l'église pour y déposer le corps de saint Paul de la
Croix. C'est presque une église, recouverte de
marbres magnifiques, et surmontée d'une coupole
dont les peintures représentent plusieurs traits de
la vie du saint et son triomphe aux cieux. Ils nous
montrèrent aussi la petite chambre où il mourut ; à
côté la petite chapelle où par la permission du pape
il célébrait la messe, ne pouvant descendre, à
cause de son grand âge et de ses infimités. On ne
visite pas ces lieux sanctifiés sans émotion. Nous
assistâmes à la grand'messe qui se célébrait avec
une grande solennité. La musique était la plus
belle que nous ayons entendue avec celle de Saint-
Pierre.

Église de St-Laurent.

De là, nous nous dirigeâmes directement vers
l'église Saint-Laurent, située en dehors des forti-
fications, à un mille environ de la ville ; elle a
été érigée en mémoire de ce saint, dont nous avons
rapporté le martyre ; elle a subi depuis sa fondation
bien des restaurations ; sa position solitaire lui
donne un air de nudité et d'abandon. Elle est précédée d'un portique très-simple, soutenu par six
colonnes antiques, et orné de vieilles fresques qui
rappellent certains traits de la vie du saint ; l'inté-

ieur a trois nefs divisées par des colonnes de
granit oriental. Sous le maître-autel, que surmonte
un baldaquin de marbre, est la confession qui renferme les reliques de saint Laurent, avec celles de
saint Étienne, premier martyr, qui ont été rapportées de Jérusalem à Rome.

Nous descendîmes dans une chapelle qui se
trouve à gauche, et qu'on dit avoir été bâtie sur
l'emplacement d'un oratoire où saint Pierre venait
prier. Cette chapelle est riche d'indulgences ; elle
communique aux catacombes Saint-Laurent. Le
21 avril 1840, on y découvrit le corps de saint
Sabinien, martyr, dans un état parfait de conservation. Il paraissait âgé de 18 à 19 ans ; son nom
était écrit sur la pierre ; des pointes de fer étaient
encore fichées dans ses os. La basilique est desservie par les religieux capucins. En retournant à
la ville, on passe sous l'arc de Gallien, près l'église   Église de Saint-Eusèbe.
Saint-Eusèbe, qui fut donnée aux Jésuites par
Léon XII, et bâtie sur la maison du saint prêtre,
où l'empereur Constance le fit mourir de faim. Tout
à côté est l'église de Saint-Vite, enfant qui fut jeté
dans une chaudière de poix bouillante avec saint
Modeste et sainte Crescence, ses père et mère nour-
riciers. Leur fête est le 15 juin. Non loin est
l'église Sainte-Bibiane, bâtie aussi sur la demeure   Église de Ste-Bibiane.
de la sainte. Son corps est renfermé, avec ceux de   Reliques de martyrs.
sa mère et de sa sœur, dans une urne d'albâtre
antique ; ils souffrirent le martyre sous Julien
l'apostat.

Avant d'arriver sur la place Sainte-Marie-Majeure,
nous avons remarqué un monument en granit
d'Égypte, avec les figures du Crucifix et de la Vierge,
que Clément VIII érigea en 1595, en mémoire de
l'absolution donnée à Henri IV, roi de France.

Nous rentrâmes faire une visite à Sainte-Marie-

Majeure, église de prédilection de M. de Géramb et de M. Veuillot, ensuite la basilique Sainte-Croix-de-Jérusalem et les monuments antiques qui l'entourent. Nous suivîmes les vieux remparts de la ville, construits dans le v⁰ siècle ; nous avions sous les yeux l'aqueduc de Néron ; la vieille Rome nous apparaissait là avec ses ruines et ses souvenirs.

La basilique Sainte-Croix est d'origine constantienne. Elle fut construite par sainte Hélène sur l'emplacement des jardins souillés par les débauches d'Héliogabale. Saint Sylvestre en fit la consécration. Une précieuse relique en terre du calvaire, rapportée par sainte Hélène, est déposée dans une chapelle qui porte son nom, et où l'on n'entre qu'une ou deux fois par an. Les insignes reliques de la Passion y sont conservées avec soin par les religieux Cisterciens (de Cîteaux) qui desservent cette église. Elles sont déposées dans la sacristie. Ces reliques sont le plus gros morceau connu de la vraie croix, la fameuse inscription de Pilate écrite en hébreu, en grec et en latin, un morceau de l'éponge trempée dans le fiel et le vinaigre, et un des clous qui crucifièrent le Rédempteur ; la croix du bon larron et le doigt de saint Thomas, qu'il mit dans les plaies du Sauveur ; avec une quantité d'autres reliques précieuses. Pour les vénérer, il faut une permission du pape ou du cardinal vicaire, ou une grande recommandation.

C'est dans cette église que les papes bénissaient la rose d'or le 4ᵐᵉ dimanche de Carême, et qu'ils envoyaient comme emblème de paix et d'amitié aux rois et aux empereurs. L'ex-impératrice Eugénie la reçut peu de temps après son mariage. Cette coutume date du xi⁰ siècle.

Le maître-autel est orné de quatre belles colonnes qui portent le baldaquin. Sous la table est une urne antique qui renferme les corps de saint Césarée et saint Anastase, martyrs. Le couvent des religieux est construit sur les ruines d'un temple dédié à Cupidon ou à Vénus.

Devant la basilique était l'amphithéâtre destiné aux jeux militaires. Les soldats s'y exerçaient aux combats contre les bêtes féroces ; maintenant ce sont des vergers assez mal cultivés. Derrière les murs était le cirque d'Héliogabale. L'obélisque de ce cirque, découvert dans le XVIIe siècle, a été élevé par Pie VII sur le Mont-Pincio, près la Trinité-du-Mont.

Là aussi est une belle fontaine, qu'on nous dit être la fontaine Félice, près des anciens thermes de Dioclétien. Elle fut bâtie par le pape Sixte-Quint pour amener les eaux des environs à Rome. Ce monument est garni de trois belles statues : Moïse, frappant le rocher pour en faire jaillir l'eau ; Aaron, conduisant le peuple à la source miraculeuse ; et Gédéon et ses soldats buvant l'eau du Jourdain. L'eau sort par trois grandes ouvertures et tombe dans des bassins de marbre. Nous avons aperçu les restes des thermes de Dioclétien, les plus vastes, dit-on, qu'il y ait eus à Rome. On raconte que 3,200 personnes pouvaient s'y baigner ensemble. La Chartreuse de Rome est bâtie sur une partie de l'emplacement qu'occupaient ces thermes. Nous avons vu ce monastère. L'église qui porte le titre de Notre-Dame-des-Anges était fermée. Nous sommes passés auprès de l'église Sainte-Suzanne. Elle fut bâtie sur le lieu où la sainte fut décapitée. Elle habitait là chez son père, saint Gabinius, frère du pape saint Caïus, et parent de l'empereur Dioclétien. Elle fut condamnée à mort pour n'avoir pas voulu épouser le fils de cet empereur. Cette église, et le couvent qui était attenant, viennent d'être spoliés par les Italiens, et les religieuses chassées.

Nous sommes descendus rue Saint-Claude, qui tire son nom d'une petite église française très-convenable. Les prêtres français aiment à dire la messe dans cette église. C'est dans cette rue qu'avait pris logement notre pieuse compatriote bretonne, M᙮ la baronne de Portzampare. Nous lui fîmes une visite. Nous devions y rencontrer M᙮ la marquise de Guerry de Beauregard, qui devait le lendemain faire avec nous ses stations de Rome.

M᙮ la marquise de Guerry, veuve sans enfants, avait consacré depuis plusieurs années son temps et sa grande fortune à des bonnes œuvres. Elle était à Paris, pendant la Commune, la *Tabite* des ôtages et la sœur de charité des ambulances. Intimement liée avec la sœur de M᙮ Darboy, dont elle partagea la captivité ; enfermée comme elle à Mazas, elles furent l'une et l'autre libres après quelques jours d'emprisonnement. Elle faisait parvenir à l'archevêque, quelques heures avant sa mort, quelques bouteilles de vin pour ranimer ses forces, un énorme bouquet de roses pour embaumer sa cellule. Singulières prévisions de sa sépulture prochaine. Ainsi Marie-Madeleine versait le baume sur les cheveux du Sauveur.

M᙮ la marquise de Guerry était venue à Rome, faisant partie de la députation des dames françaises, offrir au Saint-Père une magnifique offrande et lui donner des détails sur ce qu'elle avait vu et entendu dire relativement à l'emprisonnement de l'archevêque de Paris. Ayant su que nous devions, avant de quitter la ville sainte, faire les stations de ses sept basiliques, elle nous demanda de se joindre à nous, étant tout-à-fait étrangère à Rome. Son désir était de ne pas partir sans avoir accompli ce pieux pélerinage. Nous dûmes la prendre à la place de la Minerve, s'étant opposée à ce que nous allions la chercher à l'hôtel de Rome où elle était descendue, ce qu'elle regardait comme un dérangement ; elle ne voulait, disait-elle, ne garder de ses titres que celui de chrétienne en pélerinage des sept basiliques.

Cette visite termina la journée du 26 juin.

Dès le matin du 27, à cinq heures, Mme la marquise nous attendait au lieu du rendez-vous. Elle avait été plus matinale que nous. La voiture à ses armoiries l'avait amenée jusque-là ; elle devait nous suivre, précédée de son valet de pied, toute la journée. En nous attendant, Mme la marquise était en prière au tombeau de sainte Catherine de Sienne, à l'église de la Minerve. Nous nous dirigeâmes par le Quirinal et la rue des Quatre-Fontaines à la basilique Saint-Laurent, qui devait être notre première station. Ayant pris la porte Pia pour la porte qui devait nous conduire à cette station, nous dûmes contourner les remparts de la ville pour retrouver notre véritable route, ce qui n'abrégeait pas notre chemin. A six heures et demie déjà le soleil est ardent ; le temps était orageux, et la poussière de la route rendait notre marche difficile ; pourtant nous n'étions pas encore à la première étape ! Lorsque nous fûmes près de l'église Saint-Laurent, où nous cherchâmes un abri sous le portique, l'orage avait pris tout son développement, le tonnerre grondait et la pluie tomba avec abondance. Puis le temps devint clair, la poussière était abattue et l'air rafraîchi. Ce fut l'occasion d'une seconde visite de l'église et de la sacristie. Un des sacristains nous fit voir plusieurs reliques insignes qu'on y conserve, entre autres deux pierres, grosses comme le poing , qui servirent à lapider saint

Etienne ; elles sont conservées dans un reliquaire.
Il nous conduisit ensuite derrière le maître-autel où,
fixée dans l'entablement, entre les colonnes de porphyre, il nous montra une large dalle de marbre
blanc, brut, sur laquelle on déposa le corps rôti de
saint Laurent, en le retirant du gril. Elle est encore
empreinte de marques rougeâtres. Nous nous dirigeâmes vers Sainte-Marie-Majeure, notre seconde
station, où nous assistâmes à la messe à la crypte
du maître-autel, où est déposée la sainte Crèche,
célébrée par un prêtre belge, camérier secret de
Sa Sainteté, que nous avions rencontré à la prison
Mamertine. Après avoir fait une fois le tour de cette
basilique, nous nous dirigeâmes vers Saint-Jean-de-
Latran. Nous rencontrâmes quelques pauvres à
l'entrée du portail principal, et Mme la marquise
échangea le chapelet de l'une d'elles contre une
bonne aumône. « Je conserverai précieusement ce
chapelet, nous dit-elle ; ce sera toujours pour moi
la relique d'un membre souffrant de Jésus-Christ. »
Humble et pieuse réflexion qui nous édifia ; toute la
route elle ne cessa d'égrainer son chapelet. Nous
fîmes notre troisième station à Saint-Jean-de-Latran,
et de là nous allâmes à Sainte-Croix-en-Jérusalem,
distante de cinq minutes. Au moment d'entrer, le
bruit d'une voiture nous arrêta. Heureuse surprise,
nous en vîmes descendre la signora Rosa, se rendant au monastère. C'était un moyen de pouvoir
vénérer les reliques que renferme ce monastère.
Nous lui fîmes comprendre que sa rencontre si
inattendue était pour nous de bon augure, et qu'il
fallait qu'elle nous obtînt cette faveur. Elle plaida
notre cause auprès du R. P. abbé, qui comprenait
bien le français, et qui, plein de courtoisie, vint
à nous dans l'église, conduit par la signora.

Comme membres de la députation française,

Messieurs, nous dit ce bon Père, je puis vous
accorder la faveur que la signora sollicite pour
vous, et je suis heureux de satisfaire à vos pieux
désirs, mais, pour Mme la marquise qui vous
accompagne, je ne le puis sans une permission,
au préalable, du cardinal-vicaire. Nous remerciâmes le ciel de l'heureuse rencontre si favorable
à nos désirs. La signora reprit sa voiture, et nous
suivîmes le père abbé, qui nous conduisit à la
sacristie, à un frère chargé de faire vénérer ces
précieuses reliques. Les reliques sont enfermées
dans un bâtiment attenant au monastère, en forme
de chapelle, dont les portes sont défendues par des
grilles en fer, et conservées dans une armoire
fermée, avec une forte serrure, au-dessus d'un
petit autel. Il alluma le cierge, se revêtit d'un
rocher et d'une étole, et commença par atteindre
la relique de la vraie croix. Elle est renfermée
dans une croix d'environ 70 à 80 c. de hauteur et
recouverte d'un globe en cristal. Il nous fit baiser
cette insigne relique, à laquelle il est rigoureusement
défendu de rien couper ; il atteignit secondement le
clou renfermé dans un reliquaire doré, de forme
gothique de 40 centimètres de hauteur ; on peut
le toucher et le baiser à travers. Il a 13 centimètres
de longueur, et une tête convexe qui a 12 centimètres de circonférence. Nous les baisâmes plusieurs fois, et il y fit toucher les pieux objets que
nous portions sur nous. Il nous montra ensuite le
doigt que saint Thomas mit dans les plaies du
Sauveur, quand le bon maître lui dit : *Vide,
Thoma, vide latus, vide pedes, vide manus, etc., etc ,
noli esse incredulus.* Ce doigt est desséché et parfaitement conservé. Nous vîmes aussi un morceau
d'éponge et d'épine de la couronne, et la traverse
de la croix du bon larron, conservée dans le premier

gradin de l'autel, et l'inscription de la croix écrite en plusieurs langues ; ainsi l'avait ordonné Pilate, afin que la cause de la condamnation du Christ fût connue à toutes les nations présentes à Jérusalem. Nous étions là sur le calvaire, et nous touchions les instruments qui avaient crucifié le Rédempteur du monde. Leur vue nous rendait présent le jour de la Passion. Nous engageons tous les pélerins qui vont à Rome à ne point revenir sans avoir vu ces reliques, lors même qu'ils devraient faire faire une demande. nécessaire. Le frère nous offrit ensuite le *fac simile* du clou, muni d'un cachet qui prouve l'authenticité de son origine, et donne l'assurance qu'il a touché au clou véritable. Nous en prîmes plusieurs pour offrir à quelques-uns de nos amis, comme souvenir de notre voyage. Nous en exprimâmes notre reconnaissance au vénérable abbé, qui était aussi heureux que nous. Quant à notre pieuse marquise, elle avait dû nous attendre en priant. Il était midi et nous étions encore à jeun , et déjà nous avions beaucoup marché. Nous déjeunâmes sur la place Saint-Jean-de-Latran. Nous prîmes la route Saint-Sébastien, qui était notre cinquième station, à plus d'une heure de marche. Le chemin était bordé de vignes et de belles végétations. Agréable vallée qui s'ouvre entre le Mont-Cœlius et le Mont-Palatin, et conduit à la voie Appienne par la porte Saint-Sébastien. Nous rencontrâmes sur notre route plusieurs tombeaux qu'on nous dit être ceux des Scipion et des Senèque.

Nous avions remarqué une église presque abandonnée et qui n'est ouverte que le dimanche ; c'est l'église Saint-Jean devant la porte Latine, qui rappelle le lieu où le disciple bien aimé du Sauveur fut condamné à souffrir un cruel supplice par l'empereur Domitien. Jeté dans une chaudière d'huile bouillante, il en fut retiré sans aucun mal, et, de là, envoyé en exil dans l'île de Pathmos, où il écrivit son apocalypse. C'est ce miracle dont l'Église honore la mémoire par une fête le 6 mai, dite fête de Saint-Jean devant la porte Latine.

Nous passâmes sous la porte Saint-Sébastien, flanquée de deux grosses tours gothiques ; les soldats italiens montaient la garde, d'autres fumaient leur cigare dans le poste ; là commence à proprement parler la voie Appienne, autrefois la plus belle, et garnie de larges dalles, ornée de tombeaux et de temples. Maintenant ce n'est plus qu'une grande route poudreuse, encaissée de hautes murailles lézardées ; on ne se douterait pas de son ancienne magnificence. Pas loin de là, sur la voie, nous nous arrêtâmes à une petite chapelle appelée *Domine, quò vadis*, pleine de souvenirs vénérables. Le Sauveur apparut au chef des apôtres saint Pierre, échappé, fuyant de la prison Mamertine, portant sa croix. A sa vue, saint Pierre s'écria : Seigneur, où allez-vous ! Je vais à Rome pour y être crucifié de nouveau, répondit le Sauveur, qui disparut en laissant l'empreinte de ses pas sur les dalles de la voie Appienne. Saint Pierre, comprenant que l'heure de sa mort était venue, retourna à Rome, fut arrêté de nouveau et réincarcéré dans la prison Mamertine, d'où il sortit pour être crucifié. Cette chapelle n'a de remarquable que deux belles fresques rappelant cette mystérieuse apparition dont la tradition a une véritable autorité à Rome. L'empreinte des pieds du Sauveur est religieusement gardée dans la basilique Saint-Sébastien.

Nous arrivâmes enfin à la basilique, le but de notre pèlerinage ; elle est à droite de la voie ; elle présente aussi un air d'abandon, mais les souvenirs qu'elle rappelle parlent bien fort à l'âme.

Elle fut construite d'abord par Constantin, pour honorer la sépulture de l'illustre martyr qui avait souffert deux fois pour la foi sous le cruel Dioclétien ; saint Sébastien tomba enfin percé d'une flèche, dans l'hyppodrome du Palatin. Une église fut aussi bâtie à l'endroit où il consomma son glorieux martyre. Son corps fut jeté dans un égoût que l'on voit à Saint-André *della valle*. Mais les chrétiens l'en retirèrent pour le porter aux catacombes Saint-Calixte, qui prirent depuis le nom de Saint-Sébastien. Saint-Sébastien, capitaine habile dans l'armée, était plein de charité et de zèle pour la propagation de la religion chrétienne ; il était des Gaules ; Narbonne s'honore d'avoir été son berceau, mais il fut élevé à Milan, d'où sa famille était originaire. C'est un cardinal Borghèse qui fit la basilique, en 1611, telle qu'elle est, avec sa façade et ses six colonnes de granit. On voit, dans une chapelle de cette église, un grand reliquaire qui est un trésor précieux ; il renferme la pierre de la voie Appienne, sur laquelle Notre-Seigneur laissa l'empreinte de ses pas ; des vases contenant du sang d'illustres martyrs et des objets qui servaient à leur supplice. On voit aussi une des flèches qui demeurèrent fixées dans le corps de saint Sébastien.

Le corps de saint Sébastien est dans la première chapelle à gauche, plusieurs lampes brûlent constamment à son tombeau ; on voit sa statue couchée sur le marbre de l'autel magnifique. On est ému à cette vue, qui rappelle tant de courage et de souffrance. C'est par cette église qu'on descend dans les catacombes, berceau du christianisme. C'est dans ces catacombes que saint Pierre venait célébrer les saints mystères et instruire son peuple. On voit encore une espèce de chambre qui fut la première église. Le maître-autel est orné de quatre colonnes

Les catacombes.

de vert antique. A droite est la belle chapelle de
saint Fabien, qui fut aussi inhumé dans ces catacombes. Le temps ni le but de notre visite ne nous
permirent d'examiner ces souterrains que j'avais
visités en 1864, le 9 janvier, veille de mon départ.
Seul à Rome, dès le matin, je m'étais fait conduire
à Saint-Sébastien pour entendre la messe sur l'autel
élevé à l'endroit où le corps du saint avait été
retrouvé. Un des pères franciscains qui desservent
cette église, et que j'avais vu la veille, m'avait
promis de dire la messe à mon intention, à laquelle
je devais communier ; il m'attendait pour monter à
l'autel. Resté seul après la messe, je pris un flambeau placé sur l'autel, et je m'enfonçai dans une
de ces allées souterraines pour faire mon action
de grâces, sur une case, restée vide, qui avait
pendant plusieurs siècles servi de tombeau à une
mère martyrisée avec ses quatre enfants. Je n'ou-
blierai jamais les impressions de cette pieuse
matinée. Quinze minutes après environ, un religieux,
qui avait répondu la messe, ne me voyant pas
remonter, et craignant que je m'égarasse sous ces
voûtes, descendit et vint me trouver à l'endroit où
j'étais agenouillé, que lui révélait la lueur du
flambeau. Il m'avertit de ne pas me hasarder sans
guide dans ce labyrinthe, puis me laissa à mes
méditations dans cette solitude qui fut le tombeau
de près de deux cent mille martyrs. Il revint une
seconde fois sa lanterne à la main et me fit par-
courir la partie la plus vénérable ; il me montra la
place où furent inhumés saint Pierre et saint Paul,
et la case où fut retrouvé le corps de sainte Cécile.
Je vis aussi cette église primitive que plusieurs
auteurs appellent la première métropole du monde.
On y voit encore un siége en marbre sur lequel un
des premiers papes fut massacré en célébrant les

saints mystères. Après cette visite, qui m'a laissé d'impérissables souvenirs, il me conduisit au réfectoire, où quelques religieux déjeunaient encore, et on m'offrit gracieusement une tasse de café noir avec des tranches de pain rôti.

Nous nous dirigeâmes ensuite vers Saint-Paul hors les murs, à cinq ou six kilomètres à l'ouest. Nous rencontrâmes peu d'habitations, des vignes et des landes incultes.

L'église Saint-Paul hors les murs est à nos yeux le plus somptueux temple du monde, à l'intérieur. En y entrant, on peut en admirer toute la somptuosité et la richesse d'un seul coup-d'œil. La première fois qu'on visite Saint-Paul, on pousse malgré soi des exclamations d'admiration, et l'on subit une sorte d'extase. Le corps de saint Paul est déposé sous la confession du maître-autel, surmonté d'un baldaquin soutenu par quatre grosses colonnes de marbre jaune jaspé données par le pacha d'Égypte, *Méhemet Ali.* On dit qu'une partie des reliques de saint Pierre sont unies ici à celles du grand apôtre, de même qu'à la basilique Saint-Pierre pour saint Paul.

On rapporte que saint Paul étant décapité, une sainte dame romaine, nommée Lucine, recueillit son corps et l'enterra d'abord à l'endroit où s'élève aujourd'hui la superbe basilique. Elle fut consumée en 1823 par un terrible incendie, et toutes les richesses qu'elle renfermait furent à peu près perdues. Le pape Léon XII ayant publié une bulle pour sa reconstruction, les souverains de l'Europe souscrivirent à cette grande entreprise et envoyèrent des marbres et des pierres précieuses. L'empereur de Russie, Nicolas, envoya toute la *malaquithe* qui sert à décorer le maître-autel et les autels de chaque côté. Comme au tombeau de saint

Pierre, un grand nombre de lampes brûlent nuit et jour à celui de saint Paul. De chaque côté est la statue des deux apôtres en marbre et de taille gigantesque. Le pavé de l'église est composé d'un beau marbre éblouissant, et les murs en sont aussi incrustés. Les cinq nefs sont divisées par des colonnes de marbre blanc magnifique ; il y a quatre chapelles dans la croisée du chœur : la première est dédiée à saint Étienne ; la seconde à saint Benoît ; la troisième est la chapelle du Crucifix, où l'on vénère le christ qui parla à sainte Brigitte, reine de Suède, qui mourut à Rome en 1373. Ce christ est en si grande vénération que les cardinaux réunis pour l'élection d'un pape vont y prier avant d'entrer au conclave.

Autour de la grande nef, au-dessus des colonnes, on remarque la galerie des portraits des papes depuis saint Pierre jusqu'à Pie IX. L'extérieur de cette basilique est si simple qu'on ne se douterait pas de la magnificence de l'intérieur. Elle a tout-à-fait l'aspect de l'église Saint-Paul de Rouen, lorsqu'on descend de Bon-Secours, sauf la grandeur. Le campanile, qui a la même forme que le clocher, forme une tour qui s'élève à côté. Saint-Paul voit chaque jour de nombreux visiteurs.

Nous revînmes à Saint-Pierre, éloigné de sept à huit kilomètres.

En descendant, nous aperçûmes le mont *Testaccio*, colline artificielle formée de débris de vases et de pots cassés. Il paraît qu'on défendait de les jeter au Tibre, et cet endroit était réservé. Ce monticule de pots cassés a, dit-on, 55 mètres de hauteur et 15,000 mètres de circonférence.

Nous passâmes sous la porte Saint-Paul, flanquée de deux énormes tours crénelées ; nous avons tourné le Mont-Aventin et sommes venus à Saint-Pierre par le Transtevère.

Nous conservons une feuille de trèfle cueillie sur le bord de la route par Mme la marquise de Guerry, et qui nous rappelle une histoire racontée en vue du mont *Testaccio.*

Nous avions traversé la route d'Ostie auprès d'une petite chapelle fermée, mais qui a un souvenir trop précieux pour que nous le passions sous silence. La chapelle fut élevée à l'endroit où saint Pierre et saint Paul se séparèrent pour mourir en se disant adieu, ou plutôt à bientôt, car quelques heures plus tard ils devaient se réunir glorieux dans le ciel. Une inscription indique cette séparation.

Nous arrivâmes à Saint-Pierre à quatre heures et demie pour y faire notre dernière station. En sortant de la basilique, Mme la marquise, qui nous avait si bien édifiés et avait marché autant que nous depuis cinq heures et demie du matin, sans avoir profité un seul instant de sa voiture, et qui était encore à jeun, insista vivement pour que nous montions avec elle, et nous reconduisit chez nous. Nous consacrâmes au repos et aux premiers préparatifs du départ les dernières heures de cette journée.

Le 28 juin, notre première sortie nous conduisit au tombeau de saint Philippe de Néri, très-populaire et très-vénéré de son vivant à Rome ; aimable saint qui sut faire aimer la vertu. Il est le second patron de Rome après saint Pierre ; sa fête est célébrée le 26 mai avec une grande pompe ; elle est d'obligation pour les Romains. Le Souverain-Pontife et le Sacré-Collége se rendaient chaque année en grande cérémonie à l'église Santa-Maria-in-Vallicella , où repose son corps ; depuis que le Pontife est captif au Vatican, les démonstrations qui donnaient un si grand éclat aux fêtes de Rome n'ont plus lieu ; mais le peuple, conservant toujours une grande vénération pour le saint auquel on doit des institutions pieuses et charitables, se rend en foule ce jour-là à l'église. Saint Philippe de Néri est le fondateur de l'ordre des Oratoriens ; on l'appelle le saint Vincent de Paul de Rome.

Après avoir traversé la place, une dame, à laquelle nous nous étions adressés pour la prier de nous indiquer la voie à suivre afin d'arriver à l'église Saint-Philippe , nous invita à la suivre ; elle s'y rendait elle-même. La rencontre était heureuse, elle devait nous éviter bien des détours. Cette dame, nous reconnaissant pour des étrangers, voulut bien être notre guide et nous nommer les monuments auprès desquels nous passions. Cette église, *Église de Ste-Marie-de-la-Paix.* nous disait-elle, est Sainte-Marie-de-la-Paix, bâtie à la place d'une petite église qui portait le titre de Saint-André ; elle est célèbre par une image miraculeuse, et voici à quelle occasion :

Miracle. « Il y avait, sous son portique, une image de la Sainte-Vierge, fort ancienne. Un soldat, furieux d'avoir perdu au jeu, frappa ce tableau avec son poignard, en accusant la sainte Vierge de ne l'avoir pas protégé. Il en sortit, suivant la tradition, des gouttes de sang qui coulèrent devant la foule bientôt rassemblée. Sixte IV ordonna une procession générale et promit de faire construire une église plus vaste et plus belle. Ce qu'il fit en effet. Il la plaça sous l'invocation de sainte Marie de la Paix, en actions de grâces de la paix qui venait d'être conclue entre plusieurs princes chrétiens, faveur qu'il reconnaissait devoir à la médiation puissante de la mère de Dieu. »

La dame qui nous guidait était venue pour assister à la messe au tombeau de saint Philippe ; elle nous le fit remarquer d'un geste de la main, nous salua, et se mit en prières ; nous fîmes de même, en comprenant au nombre des personnes auxquelles elles se rapportaient tout particulièrement Mgr le cardinal, les prêtres qui avaient bien voulu nous promettre leurs prières pour notre voyage, enfin le diocèse si éprouvé par la perte de ses prêt.es.

Église de Ste-Marie-in-Vallicella.

La belle église Sainte-Marie-in-Vallicella, qui est aussi désignée sous le titre d'Église-Neuve, fut bâtie par le saint, sur l'emplacement d'une autre qu'avait érigée en ce lieu saint Grégoire-le-Grand. Il en prit possession en 1583 avec les prêtres de l'Oratoire. Son tombeau, richement décoré, est sous l'autel, dans la chapelle, près du maître-autel. L'église est resplendissante de marbre, de dorures, de statues et de tableaux de grands maîtres. Un vaste couvent est attenant à l'église, il est converti aujourd'hui en Palais de Justice ou de Bourse ; cependant, on conserve encore dans la chambre où mourut saint Philippe les meubles qui furent à son usage, entr'autres le confessionnal où s'opérèrent tant de prodiges ; on y monte par la sacristie. En sortant, nous nous dirigeâmes vers l'église Saint-Jérôme-de-la-Charité, qui avait été desservie par saint Philippe de Néri pendant trente-trois ans, et où il fonda son ordre.

Église de Saint-Jérôme.

L'église Saint-Jérôme est construite sur l'emplacement du palais de sainte Paule, dame romaine. Saint Jérôme, ermite, de Bethléem revint à Rome pour être secrétaire du pape saint Damas, et logea pendant trois ans chez cette sainte dame. On accourait entendre le saint docteur expliquer les saintes Écritures et donner des conseils de perfection. La communion de saint Jérôme, qu'on admire au Vatican, avait été faite pour cette église. Je possède une antique et grande gravure de ce tableau, qu'on me dispute. J'étais heureux de voir cette église qui avait inspiré au Dominiquin un tableau que le Poussin regardait comme le quatrième chef-d'œuvre de la peinture.

Après cette visite, nous prîmes la rue Julia, que le pape Jules II avait voulu rendre la plus belle de Rome. La mort le surprit, et ses projets ne furent exécutés qu'en partie. Elle est ornée de palais et de petites églises.

On voit le palais Falconieri où habitait le cardinal Fesch, oncle de Napoléon Ier. On remarque particulièrement une église appelée Sainte-Marie-de-l'Oraison. C'est là que, pour la première fois, ont été dites les prières des quarante heures, répandues bientôt dans toute la catholicité. Sur une place, pas éloignée, se trouve le Mont-de-Piété qui, du temps de liberté de l'Église, était un établissement charitable ; on y prêtait sur nantissement, sans aucun intérêt. Les nobles et les plus riches bourgeois de la ville étaient à la tête de cette institution.

Nous passâmes aussi auprès du palais Farnèse, bâti par le pape Paul III, alors cardinal. Il est regardé comme le plus beau et le plus majestueux des palais de Rome.

Comme le temps nous pressait et que cette journée était la dernière, je tenais à vous faire visiter, mon cher Théodule, la superbe église Saint-André-della-Vallé, construite en partie sur les ruines du théâtre de Pompée. Cette église est une des plus vastes de Rome. Sa coupole est la plus belle après Saint-Pierre ; en entrant, on fait remarquer une chapelle élevée sur l'égout où fut jeté le corps de saint Sébastien après son supplice.

Chaque jour de l'octave de l'Épiphanie, on officie sous un rit divers pour rappeler l'unité de la religion catholique sous des rits différents. On prêche aussi chaque jour un sermon en langue diverse : un jour en français, un autre jour en anglais ou allemand. Ces cérémonies, qui commencent le 6 janvier, attirent beaucoup d'étrangers à Saint-André.

Nous rentrâmes chez nous afin de mettre ordre à nos affaires, et commencer, hélas ! nos visites d'adieu !

Nous allâmes à la villa Caserta pour nous entendre avec le frère Charles sur l'expédition de nos tableaux de Notre-Dame-du-Perpétuel-Secours. Il était absent, nous dûmes attendre son retour en priant dans l'église Saint-Alphonse. Déjà midi était sonné, et, malgré nos courses multipliées, nous étions encore à jeun, la veille de saint Pierre étant à Rome un jeûne solennel. Le bon frère, de retour, nous pria d'accepter un peu de pain et un verre de vin. Il nous offrait ce vin, nous dit-il, afin que nous puissions dire à Rouen que nous avions bu du vin de la villa Caserta, de la vigne du Perpétuel-Secours. Ce bon frère nous offrit, de la part du R. Père général, une relique de saint Alphonse. Notre affaire terminée, il nous exprima ses vœux pour la France, sa patrie, qu'il aime toujours, en nous donnant l'accolade fraternelle. Nous fîmes aussi notre visite à Mgr Bastide.

Il nous accueillit avec sa grâce ordinaire et nous raconta du Saint-Père, qu'il voit souvent, des traits bien touchants. Il nous donna, pour souvenir, une chandelle bénite à la messe de minuit à Sainte-Marie-Majeure, dont il est chanoine, et un petit pain bénit de saint Roch, bénit le 16 août à l'église Saint-Roch, où se célèbre la fête de ce saint, aussi Français, originaire de Montpellier ; ces pains bénits rappellent un trait touchant de la vie du saint. Les

Romains gardent ces objets bénits comme de vraies reliques.

Au moment de partir, plusieurs prêtres de Nevers entrèrent chez Mgr Bastide, où ils devaient attendre M. Arthur Loth.

De là, nous allâmes dîner à notre restaurant ordinaire. En apprenant notre départ prochain, notre maître perdit son amabilité, nous fit payer cher un mauvais dîner, ce qui me fit repentir d'avoir été trop franc ; ceci m'apprit à n'être plus aussi communicatif.

L'après-midi, nous parcourûmes le Mont-Aventin, sur lequel s'élevait autrefois le temple de Diane et de Junon, le palais de Trajan ; aujourd'hui on n'y voit plus que des couvents et des églises entourés de hautes murailles, ce qui donne à ce quartier un aspect triste et solitaire. *Mont-Aventin.*

Nous étions en voiture pour gravir le Mont-Aventin pendant les ardeurs du soleil ; mont célèbre par les souvenirs qu'il rappelle. Nous avions à visiter le couvent Sainte-Sabine, noviciat des Domi- *Couvent Sainte-Sabine.* cains ; il occupe la partie la plus pittoresque du Mont-Aventin. Là, nous fûmes reçus par un jeune Espagnol chargé de l'office de portier, assez drôle de personnage qui nous promena dans tout l'éta- blissement, les dépendances et les jardins, nous offrant des fruits comme s'il eût été le maître du logis. Il parlait du Saint-Père avec exaltation, et tombait dans une sorte d'extase.

Les vêpres terminées, le religieux français que nous attendions, et à qui le général nous avait dit de nous adresser, nous fit visiter l'intérieur du couvent, qui est regardé comme le berceau de l'ordre des Frères prêcheurs. Il nous fit voir la chambre de Pie V, dont nous avons déjà parlé ; la cellule qu'occupait saint Dominique, convertie en chapelle ; nous avons prié dans ce lieu sanctifié par ses méditations et ses extases, et ses conférences avec le patriarche d'Assises, son ami. Ce couvent conserve encore le souvenir de saint Thomas d'Aquin ; ce fut là que, fuyant Naples pour entrer dans l'ordre des Frères prêcheurs, il vint se réfugier, résistant aux prières et aux menaces de sa mère, qui voulait le ramener à la maison paternelle.

Le religieux nous ramena au jardin, dont la terrasse donne sur le Tibre. On a, de là, un magnifique point de vue sur Rome. Il nous fit remarquer l'oranger planté par saint Dominique, qui est l'objet de soins tout particuliers ; cela nous rappelait le vieux chêne d'Allouville-Bellefosse. Un rejeton partit du pied de l'arbre l'année où le P. Lacordaire restaurait en France l'ordre de saint Dominique ; il a pris, depuis, un rapide développement ; les frères lui ont donné le nom de « branche mystérieuse de France. » Le Père nous offrit, en souvenir de notre visite, des feuilles d'oranger pour nous et les amis de saint Dominique, des fleurs, des citrons, quelques gousses de graines de giroflées de sainte Sabine.

Après le couvent, nous visitâmes l'église. Elle est composée de trois nefs d'ordre corinthien, de marbre de Paros. Sous le maître-autel reposent les corps de la sainte martyre, de saint Alexandre, mon patron, et saint Théodule, le vôtre, mon cher ami. Nous avons prié sur le tombeau de nos saints protecteurs, auxquels nous atribuons la réalisation de nos vœux, le succès de notre voyage à Rome si heureusement accompli. Puis, tirant un rideau, le religieux nous fit voir le tableau renommé de Notre-Dame-du-Rosaire, chef-d'œuvre de Sasso-Ferrato ; la Vierge est représentée tenant l'enfant Jésus et remettant un rosaire à saint Dominique. Sainte

Catherine est à genoux en face du saint. Sainte Sabine, patronne de cette église, était une dame de Rome très-pieuse, de beaucoup d'esprit et d'une grande vertu. Cette église fut donnée à saint Dominique par le pape Honorius III, pour la fondation de son couvent. Nous nous sommes rappelés que Mgr le prince de Croï était cardinal de Rouen du titre de Sainte-Sabine. Nous fûmes heureux de cette visite et de la courtoisie du ce R. P. dominicain, dont je ne me rappelle pas le nom ; il nous pria de le rappeler au souvenir du curé de Saint-Gervais de Rouen, dont il avait été le condisciple et l'ami intime.

Tout à côté, sont le couvent et l'église Saint-Alexis, bâtis au vme siècle, sur les ruines d'un temple d'Hercule, par Euphémien, sénateur de Rome, père du saint.

C'est dans cette église, suivant une légende appuyée par les actes les plus authentiques, sous l'escalier qu'on voit encore dans l'église, que mourut saint Alexis, après avoir passé dessous cet escalier dix-sept années d'une vie pénitente et humiliée, sous les yeux même de sa famille, qui ne le reconnut qu'à son dernier soupir. Toute la ville de Rome assista à ses funérailles, et son corps fut déposé dans cotte église, qui portait alors le nom de Saint-Boniface, dont les reliques reposaient déjà sous l'autel.

On voit, en entrant dans l'église, un monument représentant ce saint couché sous l'escalier, soutenu par deux anges. Le maître-autel est surmonté d'un baldaquin de beau marbre, reposant sur quatre colonnes de vert antique. Sous le maître-autel, sont les reliques de saint Boniface, de sainte Aglaé et de saint Alexis, dont le corps, ainsi que nous l'avons dit, repose à la basilique Saint-Pierre. L'église et le couvent furent reconstruits au XVIIIme siècle par le cardinal titulaire.

Église Sainte-Prisque, sur le Mont-Aventin.

Nous visitâmes aussi l'église Sainte-Prisque, qui était la maison de saint Aquila et de sainte Prisca, sa femme, convertis par saint Paul à Ephèse. Ils vinrent s'établir à Rome, sur le Mont-Aventin. Leur maison devint la réunion des chrétiens, et, d'après la tradition, saint Pierre et saint Paul y logèrent ; c'est ce qui rend ce lieu vénérable. Le jour baissait lorsque nous descendîmes à pied le Mont-Aventin. Nous passâmes auprès de l'église Sainte-Anastasie, regrettant de la trouver encore fermée, et de ne pouvoir en vénérer les précieuses reliques : le manteau ou le bâton de voyage de saint Joseph, qu'elle possède.

Après avoir fait nos adieux au Capitole, nous sommes revenus chez la signora Rosa, dans l'intention de lui rendre compte de nos impressions de la journée. L'excellente dame, dont les bons offices nous avaient été si utiles pendant notre séjour à Rome, nous fit part de son intention de nous donner une dernière preuve de ses soins obligeants ; elle voulait nous conduire elle-même au tombeau de saint Pierre pour y faire nos dernières dévotions. Nous acceptâmes avec empressement et reconnaissance la proposition de cette visite, qui devait avoir lieu le lendemain.

Le 29 juin.
Dernières stations sous la conduite de la signora Rosa Mercurelli.

Le 29 juin, à six heures du matin, la voiture qui devait nous mener à notre dernière station était à la porte de la signora Rosa Mercurelli. Avertis par elle, nous nous hâtâmes de prendre nos places. Déjà, une dame qui avait exprimé le désir de nous accompagner y était installée ; elle était vêtue, comme la signora Rosa elle-même, d'une robe de soie noire, la tête recouverte d'un voile ; c'est la toilette ordinaire de cérémonie des dames romaines.

La signora Rosa nous dit qu'elle avait eu la veille à dix heures du soir la visite du vénérable prêtre de Turin, lequel lui avait annoncé qu'il savait du Saint-Père, pendant une longue soirée passée au Vatican, que ce serait à la chapelle Sixtine, et non à sa chapelle privée, que le Pape dirait la messe le lendemain. Heureuse circonstance, saisie avec empressement par notre bonne protectrice, qui promit de faire toutes les démarches afin de nous procurer le bonheur de jouir encore une fois de la présence du Souverain-Pontife et de recevoir sa précieuse bénédiction.

Avant de nous rendre à la chapelle Sixtine, nous fîmes notre station à la chapelle du Saint-Sacrement, puis au tombeau de saint Pierre ; le tombeau était décoré avec magnificence, entouré de guirlandes de fleurs dont le parfum remplissait la basilique. Là, les assistants de tous les rangs : riches, pauvres, prêtres, religieux, religieuses, tous confondus, priaient autour de la confession du pêcheur de Galilée ; tableau admirable devant lequel l'esprit et le cœur consolés s'exhaltent en se rappelant qu'au-delà de la vie Dieu réserve des récompenses à ceux qui ont souffert pour sa sainte cause. Le tombeau du martyr est honoré et entouré de gloire sur la terre ; honneur que n'aura jamais aucun héros de l'ancienne Rome.

Dernière station au tombeau de saint Pierre.

Nous sortîmes de la basilique pour aller à la chapelle Sixtine ; la signora, toujours bien accueillie partout, n'éprouva aucune difficulté pour nous y faire introduire. La chapelle Sixtine fut construite sous le pontificat de Sixte IV, dont elle tire son nom ; elle n'est qu'un vaste carré long un peu sombre, mais elle renferme de belles peintures dont la plus célèbre est le tableau du Jugement dernier de Michel-Ange. C'est dans cette chapelle que le pape et les cardinaux

Chapelle Sixtine.

assistent aux cérémonies lorsqu'ils ne se rendent pas aux grandes basiliques. Des bancs sont rangés de chaque côté pour ceux qui sont autorisés à voir cette auguste assemblée, autorisation qui est toujours une faveur ; le Pape était à l'autel et avait commencé la messe ; le nombre de ceux qui devaient recevoir la communion de sa main était si considérable que le Saint-Père, fatigué, ne put la donner à tous. Il fallut l'intervention des huissiers pour retenir la foule de ceux qui gémissaient de ne pouvoir parvenir jusqu'au Saint-Père ; ils avaient été avertis qu'ils pourraient communier à la messe du chapelain de Sa Sainteté, qui devait suivre.

Le Pape resta à genoux sur son prie-Dieu, près de l'autel, la tête appuyée sur ses mains, tout le temps de la messe ; par intervalles il s'essuyait le front et les yeux avec son mouchoir, car la chaleur était grande, et sa douleur aussi, de se voir réduit à dire dans cette chapelle la messe qu'autrefois il célébrait avec beaucoup de pompe au milieu du peuple réuni.

La messe dite, le Saint-Père, ayant terminé son action de grâce, sortit de la chapelle en donnant sa bénédiction ; il était accompagné du cardinal Bonaparte et de Mgr de Ricci ; il nous fut permis de nous joindre au cortége qui le reconduisait à son appartement ; honneur que nous n'eussions jamais espéré, que nous acceptions en nous appliquant le verset *Exultavit humiles ;* honneur dont nous étions heureux et fiers, à la pensée que nous étions là près du vicaire du Christ, nous, modestes pélerins, représentant tant de catholiques fidèles dont le cœur et l'esprit étaient tournés, à cette heure-là même, vers Rome. Le Pape marchait d'un pas ferme ; sa démarche assurée, le teint frais et animé de son visage, malgré ses fatigues, annonçaient qu'il jouissait d'une santé parfaite. Il portait, sur son costume sacerdotal, le chapeau de cardinal. Au moment de rentrer dans ses appartements, il promena sur vous et moi, mon cher Théodule, seuls laïques qui l'escortaient, son regard paternel, et nous donna une dernière bénédiction.

Ce fut là que nous fîmes à Mgr de Ricci notre visite d'adieu, en lui exprimant toute notre reconnaissance. L'aimable prélat nous répondit par une affectueuse poignée de main. Tout cela nous avait retenu plus d'une heure, et cependant nous retrouvâmes à l'entrée du Vatican notre voiture. La bonne signora Rosa avait voulu nous attendre. Elle nous accueillit avec l'empressement d'une mère heureuse du bonheur de ses enfants.

Après le déjeûner, nous sommes revenus à Saint-Pierre ; la messe était célébrée par un prélat avec le même cérémonial que précédemment, mais ce n'était pas la fête de Saint-Pierre des beaux jours, le Souverain-Pontife était captif, l'autel papal n'était pas orné, les feux multicolores de la coupole, qui chaque année se projettent au loin, ne devaient plus s'allumer. La tristesse empreinte sur tous les visages nous gagna, et ce fut le cœur serré par une douloureuse émotion que nous nous agenouillâmes devant le tombeau du prince des apôtres, et déposâmes un dernier baiser sur le pied de la statue.

Sortis de la basilique, à l'abri du soleil, sous les colonnades, l'harmonie des cloches de Saint-Pierre nous fixa un moment. Nous jetions sur le Vatican un dernier regard. Nous regrettions que le temps ne nous permît pas de visiter ni la magnifique bibliothèque si riche en manuscrits de toutes langues, ni le musée qui renferme des objets précieux, offerts aux papes par tous les souverains de l'univers. Nous laissions derrière nous l'hôpital du *San Spirito*, desservi par les sœurs Saint-Vincent-de-Paul, dont M‍ₗₗₑ Bligny, de Rouen, fait partie ; elle est pleine d'obligeance et de charité pour ses compatriotes.

L'église Saint-Appolinaire, près de laquelle nous passâmes, est bâtie sur les ruines d'un temple d'Appollon, et rappelle le triomphe d'un jeune et glorieux martyr. Tout près est le palais *Altemps,* aux superbes portiques ; il est regardé comme un des beaux palais de Rome. Il appartient, par son épouse, à M. Hardouin, de Caen, duc de Galèse, comte romain, frère de M‍ᵐᵉ Julienne, dont le mari est banquier à Rouen, et cousin de la vénérable dame Saint-Bernard, religieuse à l'Hospice général. Nous étions allés lui faire une visite quelques jours auparavant, alors qu'il était à sa villa aux environs de Rome. Le duc de Galèse va souvent au Vatican, et il est très-aimé du Saint-Père. Il était auprès de Sa Sainteté quand Victor-Emmanuel fit son entrée solennelle à Rome le 2 juillet dernier. Il fut témoin des larmes que répandit le saint pontife en entendant les vivats qui, de la Porte-Majeure, faisaient écho au Vatican. Le duc écrivait à Rouen, quelques jours plus tard, qu'à ce moment Pie IX éclata en sanglots qui en arrachèrent à tous ceux qui l'entouraient.

Le palais Altemps est un monument antique, possédant des objets d'art d'une grande valeur ; il a aussi une chapelle très-remarquable, où l'on conserve le corps de saint Anicet, pape et martyr. Le pape et les cardinaux se rendaient chaque année au palais Altemps, le 17 avril, pour assister aux cérémonies de la fête de ce saint martyr.

Au moment où nous passions auprès du palais Altemps, nous entendîmes une assez forte détonation de canon, que nous pensions venir du château Saint-Ange. Nous nous dîmes en plaisantant : C'est le dernier salut que Rome nous envoie. Mais tout-à-coup une fumée épaisse et une odeur nauséabonde nous avertirent qu'un incendie venait de se déclarer dans les environs de l'église Saint-Philippe, que nous avions visitée la veil'e. La physionomie triste du peuple, les conversations dans la rue, semblaient indiquer que ce pouvait bien être le fait des révolutionnaires, tentant, par quelques nouveaux désastres, de troubler la fête de Saint-Pierre, déjà si triste. Cet incident précipita notre départ de Rome.

Nous nous dirigeâmes vers la place Navone.

La place Navone est un immense carré long, qui s'étend du nord au midi, entouré de jolies maisons. Au mois de juin et de juillet, au milieu du jour, la chaleur y serait insupportable, si l'air n'était un peu rafraîchi par le jet de deux belles fontaines placées aux extrémités. Au milieu est l'église Sainte-Agnès, rotonde somptueuse, bâtie par Innocent X sur les ruines qui se voient encore du Lupanar, où l'innocente Agnès fut exposée avec d'infâmes créatures qui fréquentaient ces lieux. On rapporte que le fils du préfet de Rome, qui voulut l'outrager, tomba mort à ses pieds ; on trancha la tête de la jeune fille, qui n'avait que treize ans, et son sang virginal purifia ce lieu infâme ; son corps fut porté par ses parents, sur la voie Nomentane, dans un domaine qui leur appartenait. Les chapelles présentent des bas-reliefs exécutés par des artistes les plus distingués de cette époque ; le plus remarquable est celui représentant sainte Agnès dans les flammes, et sa sœur de lait sainte Emérentienne.

Le corps de la jeune martyre a été depuis déposé dans une autre église qui porte aussi son nom : Sainte-Agnès hors les murs. Je regrettais que le temps ne me permît pas de vous conduire, mon cher

Incendie près l'église Saint-Philippe.

La place Navone.

Église Sainte-Agnès.

Église Sainte-Agnès hors murs.

Théodule, à cette église, que j'avais visitée en 1864, où tout semble inspirer des sentiments d'innocence et de paix. Elle est à deux kilomètres de la porte Pia ; elle a été bâtie par Constantin, sur la tombe de Sainte-Agnès ; on y descend par quarante-cinq marches en marbre, à côté desquelles on remarque de curieuses inscriptions de l'antiquité romaine. Cette église a été restaurée plusieurs fois depuis Constantin, et décorée de peintures en mosaïques ; elle a trois nefs à deux rangs de colonnes antiques. Le corps de sainte Agnès est sous le maître-autel, tout brillant de pierres précieuses. Sa statue sur le tombeau est d'albâtre. La tête, les pieds et les mains sont de bronze doré, ce qui produit un ensemble assez bizarre. C'est une des églises les plus antiques et les plus remarquables. Le pape y bénissait chaque année des jeunes agneaux le jour de la fête de sainte Agnès, le 21 janvier ; ils étaient parés de rubans et de fleurs, et leur laine servait à faire les palliums que le pape envoyait aux prélats de la chrétienté qu'il voulait honorer pour quelque mérite particulier. Ces petits agneaux étaient ensuite confiés à des religieuses qui les soignaient jusqu'à ce qu'on vienne les prendre pour les tuer, moment que ces saintes filles voyaient arriver avec regret.

J'ai visité, en 1864, le monastère attenant. On me fit voir la salle où s'était produit un accident qui avait fait grand bruit dans le monde en avril 1855 ou 1856 (l'année exacte m'a échappé). Pie IX, visitant l'église et les catacombes Sainte-Agnès, fut reçu au monastère dans une grande salle au premier étage, pour y recevoir les hommages des religieux et de leurs élèves assez nombreux. Le pape était accompagné de plusieurs prélats de sa cour et d'un général français. Le plancher, qui n'était pas assez fort pour contenir cette foule, céda sous les ieds et entraîna tout le monde, sauf le pontife et quelques autres personnes qui étaient restées suspendues à des poutres. Au premier craquement, Pie IX avait invoqué Marie-Immaculée dont il venait de proclamer le dogme, et sainte Agnès, et, par une protection spéciale, regardée comme un miracle, tout le monde sortit des décombres sain et sauf. On descendit de suite à l'église, où le Pape entonna lui-même le *Te Deum* en actions de grâces. Le peuple, ayant eu connaissance de cet événement, accourut au-devant du pontife avec des torches à la main et faisant retentir les airs de leurs chants d'allégresse et de reconnaissance à Dieu. Ils voulaient le porter en triomphe ou traîner son carrosse.

La salle a été solidement restaurée, et de magnifiques peintures murales rappellent cet écroulement, qui pouvait avoir des suites si malheureuses. Il me semble encore entendre le bon religieux me dire : *Oh ! grandé miracolo della madré del Jésu et de santa Agnès !* faisant du français italien pour me faire comprendre.

Tout près est la vieille église Sainte-Constance, où repose le corps de cette sainte avec celui de sainte Émérentienne, qui fut tuée sur le tombeau de sainte Agnès, pendant qu'elle y priait.

C'est à l'église Sainte-Agnès de la place Navone que nous fîmes notre dernière prière à Rome ; le souvenir de la jeune vierge martyre est la dernière fleur précieuse du bouquet spirituel que nous emportons de la ville éternelle.

De retour, nous fîmes notre visite d'adieu à la signora Rosa et à M. Mercurelli, son mari, qui avait été aussi très-obligeant pour nous. Elle nous offrit, pour souvenir, deux médaillons en argent à chacun. L'un contenait des cheveux du Saint-Père,

Accident.—Sauvetage miraculeux.

Notre dernière prière à Rome.

Présents de la signora Mercurelli.

et l'autre renfermait un petit *Agnus Dei,* petit pain en cire pure bénit par le Pape, et que l'on conserve comme une relique, car c'est une bénédiction pour la maison où ils sont conservés. Nous fîmes encore quelques achats : des photographies coloriées de Pie IX, des chaînes de saint Pierre, en argent doré, et des images en tissus représentant la sainte face de Notre-Seigneur, donnée à sainte Véronique et conservée à Saint-Pierre. Un cachet en cire avec un authentique en assure la vérité.

Nos achats d'objets de piété.

Nous avions tant d'obligations à l'excellente signora Rosa, que nous étions embarrassés pour lui exprimer toute notre reconnaissance en ce moment de nos adieux. Tout ce que nous pouvions lui dire ne pouvait rendre qu'imparfaitement notre gratitude. Elle nous chargea de présenter ses hommages les plus respectueux à Mgr le cardinal archevêque de Rouen. Le général des dominicains nous avait aussi chargés d'une commission. Nous prîmes notre dernier repas au restaurant du *Buono Gusto.* Nos hôtes, en recevant le paiement de ce que nous leur devions, nous exprimèrent aussi leurs regrets : bon voyage, nous dirent-ils, et prompt retour ; nous vous reverrons, j'espère, nous dit la jeune fille chargée de notre service ; au triomphe de l'Église vous reviendrez chanter le *Te Deum* à Saint-Pierre. Une voiture que nous avons prise sur la place de la Minerve nous transporta à la gare du chemin de fer.

Notre départ. Nous prenons nos cartes pour Assise, ville riche en souvenirs religieux, où nous étions résolus de nous arrêter ; nos bagages étaient augmentés d'une caisse assez lourde, destinée à Son Eminence Mgr de Bonnechose, ce qui nous mit à portée d'apprécier les différences des tarifs très-élevés dans certaines parties de l'Italie.

Nous voilà partis, nous contournons de nouveau les remparts de la vieille cité ; la coupole de la basilique de Saint-Pierre nous apparaît encore dans le lointain. Nous jetons un dernier regard douloureux sur la ville sainte, changée en forteresse par l'occupation étrangère, dans laquelle son roi, le père spirituel des chrétiens, est captif ; nous nous éloignons avec regrets, le cœur ému, de la ville éternelle, où tout nous a réussi au-delà de nos espérances, où l'accueil qui nous a été fait aurait pu nous rendre fiers jusqu'à répéter ces paroles que l'on prononce à la promotion des papes : *Sic transiit gloria mundi*, mais nous emportons de précieux souvenirs de notre pieux pélerinage, qui seront la consolation de notre vie dans la douleur, notre joie dans la prospérité.

Nous restons longtemps sous la pénible impression des adieux, gardant le silence, qui n'est interrompu que par les exclamations que provoque l'aspect des localités placées sur notre route. Voilà Narni, dont les ruines d'un aqueduc construit par l'empereur Auguste attestent l'antiquité ; c'était un des plus beaux ouvrages des Romains. Puis Terni, ville d'une certaine importance, dans une plaine verdoyante plantée de vignes soutenues sur des érables taillés à cet effet. Elle conserve quelques ruines antiques. C'est la patrie de Tacite.

Plus loin, sur une montagne, apparaît la belle ville de Spolette, ville paisible, dont les habitants sont doux et bienfaisants. C'est l'ancienne capitale de l'Ombrie, qui est honorée d'avoir Pie IX pour évêque ; aussi, on nous dit en chemin que les fêtes avaient été splendides dans cette ville, pour le vingt-cinquième anniversaire de son suprême pontificat. Une députation fut chargée de féliciter le Souverain-

Pontife au nom de la ville de Spolette. Le vin blanc de Spolette est très-renommé.

Nous nous arrêtâmes à une petite station isolée et éloignée du village, où des femmes venaient avec des paniers remplis d'œufs dorés, du sel dans des petits papiers, du pain, des fruits et du vin, qu'elles ne font pas payer trop cher. Elles rendent ainsi service aux voyageurs. Ce sont des buffets ambulants qui leur permettent d'écouler leurs produits avantageusement ; seulement ils sont trop nombreux, il y a presque concurrence. En Italie, à chaque station, on vient offrir aux voyageurs des breuvages rafraîchissants et du vin que l'on fait bien payer. Nous arrivâmes à Foligno à 9 heures environ.

La station suivante était Assise, à douze ou quinze kilomètres, où nous devions descendre. A Foligno, on change de train pour Lorette. Nous y laissâmes nos bagages en dépôt, pour les reprendre le lendemain avec le train qui devait à quatre heures nous conduire à Lorette, terme de nos pélerinages.

Nous arrivâmes à Assise vers dix heures. L'air était frais et pur, le temps magnifique, et la lune brillait de son plus bel éclat. La joie si pure dont nous étions inondés donnait à cette soirée un charme dont nous nous rappellerons longtemps, et qui nous dédommageait de l'illumination de la coupole Saint-Pierre, que nous aurions été si heureux de voir. Nous étions donc à Assise, sol sacré, terre promise des enfants de saint François. Aussi, je frissonnai en y mettant le pied. Tout près de la gare, à gauche, nous apercevions la célèbre église de Notre-Dame-des-Anges ou de la Portioncule, dont la coupole brillait au clair de lune, et en face, à un kilomètre, nous avions la ville d'Assise, bâtie en amphythéâtre, dissimulée par les oliviers plantés au pied de la montagne, et par ses remparts inexpugnables.

A Foligno est l'embranchement de Lorette.

Assise.

La gare est en dehors de la ville. A Assise, nous avons pu comprendre, à la satisfaction que parut éprouver le cocher de la seule voiture dans laquelle nous montâmes, que les voyageurs étaient ordinairement assez rares à cette gare à l'heure où nous arrivions. Bien nous avait pris de ne pas faire le trajet à pied, car nous eussions été exposés à coucher à la belle étoile; à peine étions-nous entrés en ville, que les portes se refermèrent sur nous. La voiture nous mena précisément à l'hôtel dont on nous avait donné l'adresse. L'*Albergo del Leone* (Hôtel du Lion) est sans doute l'un des établissements les meilleurs de la ville, à en juger par l'élégance de la chambre, ornée de belles peintures, où nous devions passer la nuit. La ville d'Assise est bâtie en amphithéâtre sur la colline qui domine une vaste et délicieuse plaine ; sur l'une des places, l'œil plonge sur l'immense bassin de l'Ombrie. La physionomie de cette ville est toute religieuse. Elle a conservé ses vieilles murailles flanquées de tours crénelées, et ses portes se ferment tous les soirs. Les rues sur lesquelles se rangent des maisons massives sont silencieuses; ces maisons sont peintes à l'intérieur. On y trouve des morceaux d'architecture d'une grande beauté. On vit à Assise dans une atmosphère parfumée, rien de semblable ne se produit ailleurs. « O vieille cité d'Assise, disait il y a peu de temps un voyageur célèbre, que vous êtes douce et calme, heureux celui qui vous visite, il pourra raconter de vous des choses bien glorieuses ! » La gloire de la ville d'Assise est d'avoir été le berceau et le tombeau de deux saints illustres dans les annales de l'Église, saint François et sainte Claire.

Le but de notre voyage à Assise était une station au tombeau de saint François. Son tombeau est dans l'église située à l'extrémité occidentale de la ville,

Le but de notre voyage à Assise.

sur une colline qui fut primitivement le lieu d'exécution des condamnés à mort, et que l'on avait nommée par cette raison la colline d'Enfer ; c'est là que fut déposé le corps du saint, d'après sa volonté dernière, ce que les magistrats de la ville auraient voulu éviter, par respect pour sa mémoire, mais le général des franciscains , successeur du saint patriarche , obtint que ses dernières volontés fussent exécutées. L'église a donc été élevée sur le rocher dont le pape Grégoire IX, en le bénissant, changea le nom en celui de colline du Paradis. Il avait accordé des indulgences à tous ceux qui devaient contribuer à sa construction.

Église Saint-François.

L'église Saint-François est un monument du style gothique composé de trois églises superposées. Innocent IV la consacra et l'érigea en église papale. Nous avons parcouru successivement les trois églises ; dans l'une nous avons admiré les magnifiques peintures murales représentant les principaux traits de la vie de saint François. Ces églises possèdent en outre de beaux ouvrages des deux maîtres de la peinture moderne : Cimabué et Giotto. Nous sommes descendus dans l'église souterraine au moment où les religieux franciscains allaient commencer la messe. Elle est ornée aussi de belles peintures représentant les scènes de la passion. On y remarque des anges en pleurs qui font l'admiration des artistes.

Tombeau de saint François.

Le corps du saint repose sous le maître-autel. Longtemps cette précieuse relique avait été cachée dans la crypte, pour la dérober aux profanations des Sarrazins qui désolèrent la contrée pendant six siècles. Il était difficile de retrouver l'endroit où le dépôt avait eu lieu. En 1818, le pape Pie VII ordonna des fouilles et prescrivit des prières publiques. Les murs et les roches furent creusés, et on arriva à l'excavation où les ouvriers du xiii° siècle l'avaient soigneusement enfoui. L'authenticité fut constatée et dénoncée par un bref solennel à tout l'univers catholique.

Nous avons visité très-superficiellement, sous la conduite d'un religieux, le *Sagro Convento* dont les cloîtres rappellent ceux de nos anciennes abbayes normandes. Hélas! le *Sagro Convento*, si cher aux enfants de saint François, ne renferme plus que six ou huit religieux qui n'ont pu consentir à abandonner le tombeau de leur saint patriarche, quoique dépouillés des attributs de l'ordre : la bure et leurs sandales, et condamnés à ne porter que les habits ordinaires du clergé religieux. Nous sommes ensuite revenus au tombeau de saint François d'Assise, afin d'y faire une dernière prière pour notre famille, nos amis, et surtout la France, que nous savions dans les difficultés d'une élection d'où dépendait le sort de la patrie, nous éloignant avec regret de ce tombeau, de ces lieux où tout est empreint d'un parfum d'antiquité et de poésie chrétienne.

Nous aimions à nous rappeler que ce fut en souvenir de la France que ce saint avait reçu de son père, qui revenait de notre beau pays, le nom de François. Il faut bien connaître la vie de saint François d'Assise pour comprendre tout l'intérêt qui se rattachait à notre pèlerinage à son sépulcre, l'un des plus vénérables de la chrétienté après celui du Sauveur à Jérusalem.

Notre pèlerinage accompli, nous rentrâmes à notre hôtel pour déjeûner, nous avions dans nos hôtes des excellentes gens ; leur jeune fille, modeste et réservée, parlant français, était l'interprète de la famille. Tout en faisant à table le service des voyageurs, elle nous présenta un registre pour y inscrire nos noms, nous faisant remarquer les annotations des voyageurs, pèlerins et touristes, toutes à la louange des hôtelliers par lesquels ils avaient été bien traités ; plusieurs même, de retour chez eux, leur avaient écrit et envoyé des souvenirs; nous lui fîmes la même promesse, et elle s'engagea à nous envoyer en échange des roses du rosier légendaire de saint François.

Sur ce registre nous avons remarqué avec satisfaction la mention honorable du R. P. Léon, provincial des franciscains de France, et de Mlle Viret, de Rouen, restauratrice et générale du Tiers-Ordre régulier de saint François, dont la maison-mère est à Vichy, et plusieurs autres maisons importantes dans le midi de la France. Lié avec tous les deux par les liens d'une affectueuse charité, j'éprouvai un vif plaisir à voir les traces de leur pélerinage et à lire cette écriture, qui m'est familière. L'ordre de notre visite nous mena à la cathédrale de San-Rufino; mais elle était fermée, et nous ne pûmes admirer que son ancien portail et sa grande tour. De là nous revînmes à l'église neuve bâtie sur l'emplacement même de la maison du saint; nous eûmes le même sort; il était dix heures, et déjà toutes les églises étaient fermées. Nous nous dirigeâmes vers l'église Sainte-Claire, située à l'extrémité orientale d'Assise. Cette église est toute simple, sans aucune peinture ni tableaux sur les murailles. On y affirme cet esprit de pauvreté que sainte Claire avait choisie en partage, comme son illustre fondateur. Le maître-autel est d'un bel effet, sans recherche dans l'ornementation. Nous nous agenouillâmes pour vénérer le corps de la sainte, que nous croyions déposé aussi sous le maître-autel. A gauche est un autel dédié à sainte Agnès d'Assise, sœur de sainte Claire, qui quitta le monde pour vivre dans la solitude, sous sa direction, malgré les vives oppositions et les mauvais traitements de sa famille. Nous étions à errer dans cette église sans avoir des renseignements précis sur ses souvenirs et ses reliques, quand notre bon ange sans doute nous amena un prêtre qui parlait français. Il nous conduisit au couvent des Clarisses pour nous faire voir et vénérer le corps de sainte Claire, que ces religieuses conservent dans leur chœur, en attendant que la chapelle qui doit le recevoir soit finie. Nous fûmes reçus par une religieuse, fille d'un ex-ambassadeur d'Italie au Brésil, qui a dû habiter la France, à en juger par la pureté avec laquelle elle parlait notre langue. Elle fut heureuse avec toute sa communauté d'avoir des nouvelles de Rome et du Saint-Père, que nous avions vu la veille ; aussi, s'empressa-t-elle de nous faire vénérer toutes les précieuses reliques que conserve la communauté. Le bon prêtre qui avait bien voulu nous accompagner nous quitta à notre sortie du couvent.

Revenus dans l'église, la religieuse nous fit entrer dans le chœur, séparé du maître-autel par une grille en fer, puis, tirant un rideau, elle nous fit vénérer le corps de sainte Claire, couché dans une châsse, et parfaitement conservé. Son visage est terne, mais ses dents sont encore blanches comme de l'ivoire ; un bandeau sur le front, un manteau sur les épaules, on croirait la sainte endormie. Le corps de sainte Claire, caché avec soin dans cette église, bâtie en son honneur, y resta enfoui, à cause des guerres dont l'Italie fut si souvent le théâtre, et ce précieux dépôt fut retrouvé intact le 30 août 1850, à la grande joie de la ville d'Assise, comme en 1818, lors de l'invention du corps de saint François.

Ensuite, la religieuse nous montra le crucifix si célèbre dans la vie du saint patriarche qui, selon la légende, l'engagea à restaurer son église de

Saint-Damien, qui subsiste encore aujourd'hui ; ce crucifix est en bois et de grandeur naturelle. Elle nous fit don de quelques reliques de sainte Claire. Accompagnés du concierge du couvent, nous descendîmes visiter la chapelle souterraine qu'on a bâtie pour y déposer le corps de sainte Claire, qui restera toujours visible aux visiteurs. L'autel est disposé de manière que les saints mystères soient célébrés en présence de la victime volontaire de la pénitence et de la pauvreté la plus rigoureuse ; cette chapelle est tout en marbre noir et blanc, du plus magnifique effet.

Nous allâmes ensuite à *San Damiano*, couvent qui fut le berceau de l'ordre des Clarisses ; c'est dans ce couvent que sainte Claire se renferma avec ses angéliques compagnes pour vivre sous la direction de leur saint fondateur.

Nous y fûmes reçus par le R. P. Philippo, qui habite ce couvent avec quelques religieux ; on nous fit observer que ce couvent, qui appartenait à l'ordre, ces pauvres religieux le tiennent maintenant en location, et, pour conserver intact l'héritage de tant de souvenirs, ils sont obligés de payer 500 francs par an au gouvernement italien. Le révérend père commença la visite par l'église, si célèbre dans les annales franciscaines ; elle fut restaurée par saint François. Elle tombait alors en ruines.

Dans l'église de Saint-Damien est un immense reliquaire où l'on conserve de précieuses reliques : la croix pectorale de saint Bonaventure, religieux franciscain, cardinal et évêque d'Albano ; le bréviaire de sainte Claire ; le vase dans lequel elle buvait ; la clochette du monastère, que sainte Claire faisait sonner quand les vivres manquaient. Au son de cette clochette, les habitants d'Assise s'empressaient d'apporter les choses nécessaires aux pauvres dames. Le père tira cette même corde ! la cloche a un son clair et argentin ; des reliques de saint Damien données par le pape Innocent IV ; un morceau de pain miraculeux, dont voici la légende authentique :

« Le pape Innocent IV, ayant entendu parler des vertus pratiquées au couvent de saint Damien, voulut visiter sainte Claire et ses filles ; il les suivit même au réfectoire. Sainte Claire ayant béni le pain comme de coutume, il en sortit du sang en présence du pontife. » Dieu, par ce prodige, manifestait la sainteté de Claire. On conserva ce pain, et un morceau est resté à saint Damien.

Nous vîmes aussi le ciboire d'albâtre gothique dans lequel était conservé le Saint-Sacrement. On rapporte que, lorsque Frédéric Barberousse ravageait l'Italie par ses brigandages avec le concours des Sarrazins, ceux-ci se préparaient à attaquer le saint asile. Les pauvres filles éplorées prièrent leur mère sainte Claire de venir à leur secours. Sous une inspiration divine, elle prit le saint ciboire, et, se présentant à une fenêtre donnant sur la campagne, elle mit les envahisseurs en déroute, avec cette arme divine, au moment même où ils allaient faire invasion ; ils eurent une telle frayeur, rapporte la chronique, qu'ils s'enfuirent en toute hâte. Ainsi fut délivrée la ville d'Assise des attaques de ces barbares. Le souvenir de cette délivrance se perpétue encore dans cette ville par une fête que l'on célèbre avec pompe le 22 juin, jour anniversaire, grande fête pour Assise. L'évêque, le maire et toutes les autorités de la ville viennent en cortége à l'antique église de Saint-Damien, pour remercier Dieu de la délivrance de la ville par sainte Claire. Le Saint-Sacrement y est exposé toute la journée. La fenêtre est bouchée depuis longtemps, mais une

inscription en latin rappelle cet heureux événement.
Nous parcourûmes l'ancien dortoir, aujourd'hui un
grenier. Le père nous montra la place où expira
sainte Claire, sur son pauvre grabat ou peut-être sur
le pavé que nous foulions. A côté est la cellule de
sa sœur sainte Agnès. Dans le chœur des premières
Clarisses, on voit le pauvre lutrin qui est le même
de sainte Claire ainsi que les stalles et les siéges ;
ce sont de pauvres planchettes attachées avec des
fils de fer. Tant de générations ont passé, et ces
objets sont là pour rappeler les vertus héroïques
qui se sont pratiquées en ce saint lieu, et sur
lesquels sont écrits les noms des premières religieuses qui ont habité ce couvent, et qui toutes
reposent dans cette chapelle, sauf sainte Claire et
sa sœur sainte Agnès. Là est encore un calvaire,
travail prodigieux fait par un frère franciscain mort
en odeur de sainteté.

On assure que souvent encore une odeur toute
céleste s'échappe de cette terre bénie, sanctifiée par
la dépouille mortelle de ces illustres vierges. Nous
nous sommes assis, par vénération, sur les siéges
qu'occupait la sainte. Nous entrâmes au réfectoire
sombre et voûté ; les tables sont les mêmes que du
temps de sainte Claire ; c'est sur des tables que
nous touchions que s'opéra le prodige que j'ai cité
plus haut, en présence du pape Innocent IV ; quatre
ou cinq religieux y prenaient leur repas. Nous fîmes
le tour du cloître antique bâti par saint François
pour ses filles ; au milieu est un puits profond où
elles puisaient de l'eau.

La description du couvent de saint Damien
occupe une des plus belles pages de l'histoire de
l'Église, après les catacombes ; quoique désert et
presque inhabité, il reste là debout, et il est défendu
d'y apporter aucune modification sans encourir

l'excommunication. On peut dire que ce lieu est, avec l'église de la Portioncule, un des plus vénérables de l'Italie. On vient le vénérer et baiser ses murs des extrémités du monde. Saint-Damien est au bas de la colline et presque dans la plaine, à un kilomètre environ de la ville, à l'orient.

Il est caché par les arbres comme autrefois, et entouré d'oliviers dont toutes les campagnes environnantes sont couvertes ; c'est une délicieuse solitude, pleine de charme pour tous les enfants de saint François. Nous avons quitté le R. P. Philippo qui, ne connaissant pas un mot de français, savait cependant parfaitement se faire comprendre ; quoique ses explications si intéressantes fussent en italien, nous n'en perdîmes pas un mot.

En disant : *Adieu, bon père Philippo !* nous avons repris le chemin de la ville, ce chemin si souvent battu par le saint patriarche, cueillant des fleurs de ronces et d'églantiers pour composer un bouquet que j'appelais le bouquet de saint Damien.

J'arrachai avec leurs mottes deux plantes, espèces de paquerettes qui fleurissaient sur le bord de la route, pour les apporter à Rouen ; j'ai eu depuis la satisfaction de les voir fleurir dans mon jardin. Elles semblent me parler souvent d'Assise, et me rappeler des faits de cette courte journée. Nous avons parcouru un peu la ville ; nous étions pour les habitants un sujet d'étonnement, dehors à cette heure, par un soleil brûlant. Midi sonnait à l'église de la Minerve, bâtie sur un ancien temple dédié à la déesse, dont le portique avec ses colonnes ont été conservés.

L'église était fermée, quoique la cloche fît grand bruit. En descendant une petite rue, on nous fit remarquer une chapelle élevée à la place de l'étable où naquit saint François ; on sait que sa mère,

Étable où est né saint François.

prise pendant plusieurs jours des douleurs de l'enfantement, ne put être délivrée que dans cette étable. Premier trait de ressemblance que ce saint devait avoir avec Jésus-Christ.

Nous nous rendîmes à pied à la Portioncule, ce qui nous fit perdre beaucoup de temps, et ne nous permit que de faire le tour de l'antique chapelle, qui d'ailleurs était aussi fermée. En regardant par le trou de la serrure, j'ai pu avoir une idée de l'ornementation du sanctuaire témoin des extases du saint. La Portioncule est ainsi appelée d'une petite portion de terre qui fut donnée à saint François avec la chapelle par les Bénédictins. C'est là qu'il fonda son ordre, et le sanctuaire de N.-D. des Anges en devint la métropole. Aujourd'hui encore, la Portioncule est regardée comme le chef de l'ordre.

C'est là que le saint aimait à se retirer et à prier, et où il reçut tant de grâces miraculeuses. C'est dans cette chapelle qu'il fut favorisé des visions célestes, et obtint, suivant la tradition, de Jésus-Christ lui-même, la fameuse indulgence dite de la Portioncule, qui, le 2 août, attire à Assise une multitude si grande de pèlerins, que de Pérouse à Spolète les marchands dressent partout des cabanes sur les routes ; cette indulgence est aujourd'hui étendue à toute la chrétienté. Il n'est pas nécessaire d'aller à Assise pour la gagner, il suffit de visiter le 2 août une église où elle est attachée par un bref du Pape, sollicitée avec l'autorisation de l'évêque ou par l'évêque lui-même. Cette vieille chapelle, avec sa porte rustique, est renfermée dans une splendide basilique élevée au xvi⁰ siècle, et surmontée d'une élégante coupole, mais elle fut presque détruite par un tremblement de terre en 1832. La coupole resta comme suspendue sur la croix latine, pendant que

ses piliers tombaient par les secousses, en partie.
Cette circonstance a été regardée comme miraculeuse, car la coupole en tombant eût détruit la
sainte chapelle qui se trouve dessous. Les réparations ne sont finies que depuis peu d'années. Cette
basilique a trois nefs avec des chapelles tout autour.
A côté est le couvent où mourut saint François le
4 octobre 1226. Il n'est habité que par un petit
nombre de franciscains. Nous frappions à la porte
pour nous faire ouvrir la chapelle de N.-D. des
Anges. Mais lorsque nous entendîmes dans le lointain le bruit du train que nous devions prendre
pour Foligno, et qui nous avait surpris de dix
minutes, nous n'eûmes que le temps, en courant de
toutes nos forces à travers champs, d'arriver pour
prendre nos cartes par l'obligeance du chef de gare,
lequel, nous voyant traverser la ligne, nous fit monter
dans le train, pendant qu'un autre employé timbrait
nos cartes. Nous descendîmes à Foligno ; le convoi
allait à Rome ; c'est là que s'organise le train pour
Ancône et Lorette. Nous reprîmes nos colis restés
en dépôt. Je me rappelle toujours l'aménité et l'obligeance des employés de la gare, et la petite histoire
qui m'est arrivée en montant en wagon. Je tenais
à la main ma petite malle contenant quelques vêtements et des souvenirs ; l'anse venant à manquer,
la malle se brisa sur le parapet, en éparpillant les
branches d'olivier cueillies sur les ruines du palais
des César, et d'autres végétaux recueillis en lieux
vénérables. L'habit noir et le gilet roulèrent aussi
dans la poussière, à la grande hilarité de mon
compagnon et d'autres voyageurs. Qu'on juge de
mon embarras : le train allait partir, et pourtant
je ne pouvais abandonner mon butin. Comment
alors faire contenir toutes ces choses dans une
boîte mal close ? Enfin, je montai en chemin de fer.

Station de Foligno.

Je réparai mes désastres avec des cordes, autant
que possible, et fis réparer ma malle à Lorette. La
vallée qui de Foligno conduit à Ancône est riante
et accidentée. Longtemps avant d'arriver à cette
ville, on côtoye la mer Adriatique, ce qui rend le
trajet fort agréable par la vue en été, et commode
par la brise qui vient tempérer la chaleur étouffante
qu'on respire en chemin de fer.

Il n'y a que quelques stations d'Ancône à Lorette ;
la route est délicieuse, on traverse une splendide et
fertile campagne. Nous arrivâmes à Lorette à neuf
heures du soir. La soirée était magnifique comme
les précédentes, et la lune brillait de tout son éclat
justement au-dessus de la coupole de la basilique ;
comme l'étoile des mages , elle semblait nous
indiquer ce que nous étions venus chercher des
extrémités d'occident. A la sortie de la gare, une
vive impression s'empara de nous , en vue de cette
église qui renferme le sanctuaire le plus respectable
du monde entier, et dans notre sainte exaltation,
sans nous préoccuper de ce qui nous entoure, je fis
nue génuflexion en récitant ces paroles de la messe :
Et Verbum caro factum est, et habitavit in nobis.
Plusieurs dames françaises, qui se trouvaient dans
le même train que nous, furent aussi vivement
impressionnées à l'aspect de ce sanctuaire béni.
Elles traduisaient leurs pieux sentiments par des
vivats d'allégresse. L'une d'elles paraissait disposée
à entonner le *Nunc dimittis.*

La ville est bâtie au versant de la colline au
sommet de laquelle domine la magnifique basilique
de Notre-Dame-de-Lorette. Cette cité, qui n'existait
pas avant la translation de la sainte maison, est
aujourd'hui très-importante et compte plus de
5,000 habitants. C'est le lieu de pélerinage à la
sainte Vierge le plus célèbre de l'univers catholique.

Vue de la mer Adriatique.

Notre-Dame de Lorette.

Description.

Le nombre des pèlerins y est incalculable. Seize pénitenciers de toutes langues y sont installés depuis plusieurs siècles pour y entendre les confessions des fidèles de toutes les nations chrétiennes ; Rome n'en possède que douze.

Nous sommes descendus à l'hôtel de la Paix, *Albergo della Pacé,* qui nous avait été indiqué par nos hôtes d'Assise, où nous étions recommandés, et le matin, dès l'aurore, nous avons été visiter la Santa-Casa. Nous éprouvions une grande émotion en entrant dans ce lieu si saint, qu'encombrait déjà un grand nombre de pieux pèlerins pour entendre la messe qui s'y disait depuis l'aube du jour. Après cette messe, l'évêque, qui d'ordinaire n'habite pas sa ville épiscopale, y était venu pour dire la messe. Nous assistâmes à sa messe et reçûmes la communion de sa main. C'est la maison qu'habitait la sainte Vierge à Nazareth, et où l'ange Gabriel lui annonça qu'elle serait mère du fils de Dieu ; c'est enfin la maison où le Verbe s'est fait chair. Elle a été transportée miraculeusement de Nazareth à Lorette, sous le pontificat du pape saint Célestin. On rapporte que plusieurs translations eurent lieu avant que la sainte maison ne s'arrêtât à Lorette. C'est la mémoire de ce prodige que l'Église célèbre par une fête particulière, le 10 décembre, sous le titre de Notre-Dame-de-Lorette. Des commissaires experts furent envoyés par les papes et les empereurs à Nazareth ; ils n'y trouvèrent plus que les fondements de la maison de Marie ; les pierres et les dimensions furent trouvées exactement semblables.

La sainte maison est construite de pierres imitant les grosses briques ; elles sont un peu veinées de rouge, à ce qu'il m'a paru, et ces sortes de pierres ne se trouvent qu'en Palestine. Cette maison est restée, nous a-t-on assuré, posée inégalement sur le

La Santa-Casa, dans l'église Notre-Dame-de-Lorette. — Lieu de pélerinage.

sol nu poudreux de la route de Ricanati à Ancône.

Elle est, à l'extérieur, ornée de magnifiques travaux de marbre et de belles statues ; l'intérieur reste nu et à découvert. Elle est comme vernissée par les baisers et les larmes des pieux fidèles. On y entre par deux portes également pratiquées de chaque côté ; celle qui servait d'entrée à la sainte famille a été murée. Les murailles ont de trente-cinq à quarante centimètres d'épaisseur. Ce qui m'a frappé, c'est de voir les dalles qui, à l'extérieur, entourent la sainte maison, creusées par les genoux des pélerins qui, par dévotion, en font le tour à genoux. Cela fait l'effet d'un sillon de charrue dans la terre, ce qui donne à penser combien de milliers de pélerins ont dû faire le tour pour user ainsi le marbre. Nous avons admiré plusieurs femmes qui se livraient à cet acte de dévotion en baisant ces dalles sacrées.

La sainte maison a 10^m de longueur environ sur 4^m de largeur ; sa hauteur est de 4 à 4^m50. L'autel se trouve presque à l'extrémité, sans être contre la muraille. L'ancien autel est renfermé dans l'autel moderne. Une bulle de Jules II affirme que saint Pierre y célébra la première messe. Au fond se trouve, dans une niche, la statue de la sainte Vierge, en bois de cèdre, et tenant l'enfant Jésus. Elle est ornée de dix riches diamants donnés par le roi de Saxe, et un magnifique solitaire brille au doigt de l'enfant Jésus. Derrière l'autel, appuyé contre une grille en fer séparant la chapelle du sanctuaire, on voit la cheminée en briques du pauvre ménage, à côté, l'armoire qui contenait les ustensiles. Elle est renfermée dans un nouveau buffet ; elle contient encore les deux écuelles trouvées lors de la translation, et qui ont été garnies d'or par le pape Pie VII ; on les faisait baiser, et on bénit dedans des médailles et chapelets. Nos deux anneaux y reçurent une nouvelle consécration.

Au couchant, est la petite fenêtre par laquelle on suppose que l'archange Gabriel entra pour saluer la sainte Vierge. Nous étions au-dessous pour assister à la messe, peut-être agenouillés à la place même où la mère de Dieu se trouvait en oraison en ce moment-là. Nous étions dans le compartiment même où l'*Ave Maria* retentit pour la première fois.

On est profondément pénétré en visitant Lorette, en pensant surtout qu'on est dans l'asile sacré où résidait Marie avec saint Joseph, et où le Christ habita pendant trente ans. Nous restâmes là longtemps à genoux, en pensant que tant de saints illustres dans l'Église et d'hommes célèbres dans le monde étaient venus prier comme nous dans ce sanctuaire béni, et à la place que nous occupions.

Je reconnus une des dames françaises, que nous avions rencontrées à la gare la veille, qui pleurait à chaudes larmes d'attendrissement et de dévotion, d'autres, qui en baisant le pavé, l'arrosaient de leurs larmes.

C'était avec peine que nous voyions le soleil monter à l'horizon, en pensant que bientôt il faudrait quitter cette ville si poétique. Après notre déjeûner à l'hôtel, nous sommes retournés à la basilique, que nous n'avions pas vue. La sainte maison seule avait excité notre intérêt et notre dévotion.

A l'entrée, se présente d'abord la statue en bronze de Sixte V, assis et donnant la bénédiction. La façade, la coupole, les clochers, sont des ouvrages de grands architectes, et forment un bel ensemble.

Tout l'édifice, commencé sous Paul II, fut achevé sous Jules II. La coupole se trouve juste au-dessous de la sainte maison.

On entre par trois portes en bronze remarquables, ornées de bas-reliefs représentant des scènes du nouveau Testament et de l'ancien.

L'auguste basilique a trois nefs avec des chapelles qui en font le tour; elle forme une croix latine dont la longueur est de cent mètres, et la largeur de soixante-sept mètres.

A droite de la *Santa-Casa,* sont les siéges des prêtres-gardiens qui ont les clefs de l'armoire de la sainte Vierge, et sont chargés de faire vénérer les ustensiles sacrés; ils sont presque continuellement occupés. Un peu plus loin, se trouve la chapelle des chanoines, dans le transept, et où ils célèbrent leur office chaque jour avec grande pompe; ils sont habillés d'une soutane violette, d'un camail rouge et violet, et d'une croix pectorale comme les évêques. Nous pensâmes au vénérable curé de Bon-Secours qui, lui aussi, était chanoine de Lorette, et était venu, peu de temps avant sa mort, prendre possession de son titre et de son siége.

On chantait la grand'messe du chapitre. Nous ne pûmes nous adresser au R. P. Rossignoli, l'un des pénitenciers qui avait bien voulu nous servir de guide, sur la recommandation de la baronne de Portzampare, pour obtenir l'indication de la stalle du digne curé de Bon-Secours, après avoir visité les vingt chapelles ornées de jolis tableaux en mosaïques, et de richesses artistiques ; la messe terminée, le père Rossignoli nous conduisit au trésor, dont la richesse est incalculable. C'est une grande chapelle ornée de belles peintures. Elle contient des armoires d'un travail remarquable renfermant une multitude d'objets précieux offerts en reconnaissance à la sainte Vierge ; ce sont des calices, des ciboires d'un grand prix, des diamants, des statues, des statuettes en or et en argent massif.

Ce sont des riches présents des papes et des empereurs, des rois et des princes de France. Il faudrait presque une journée pour tout admirer.

Nous avons ensuite été visiter les sœurs Saint-Vincent-de-Paul, et remettre à la supérieure un paquet que nous avait confié la signora Rosa, à Rome.

Cette bonne sœur a fondé l'établissement il y a vingt ans. On comprend qu'elle fut tout empressée de faire visiter son couvent à des compatriotes. Elle avait connu, à Rouen, la vénérable sœur Caraman, supérieure des filles de la charité, rue des Capucins ; elle nous dit qu'une pieuse dame française, sœur d'un général, avait fait les frais de la fondation, consacrant une partie de sa fortune à cette œuvre, après une révélation qu'elle en eut dans le Santa-Casa. Les élèves orphelines nous parurent toutes jouir d'une bonne santé, à en juger à la mine. De la terrasse on a une vue magnifique sur la plaine de Castel-Fidardo, de si triste mémoire ! L'excellente supérieure nous indiqua l'endroit où la rencontre des Italiens avait eu lieu avec les zouaves pontificaux ; le petit bois où se tenaient en embuscade les soldats de Victor-Emmanuel. Les religieuses assistaient à ce combat sanglant du haut de leur terrasse pendant un moment seulement, et bientôt elles en descendirent pour aller panser les plaies et relever les blessés. Castel-Fidardo est à deux kilomètres de Lorette. Elle nous montra la colonne de marbre élevée à l'endroit même pour rappeler leur victoire honteuse. A gauche, elle nous fit voir la ville d'Osimo, cachée derrière la colline, tombeau de saint Joseph de Capertino, saint si extraordinaire. A droite, auprès de la mer, elle nous fit remarquer un couvent bâti sur les hauteurs où le général Lamoricière s'était réfugié après la défaite. L'ennemi, supposant que là était sa retraite, le cerna pour le faire prisonnier ; le général, prévenu à temps, s'était retiré. L'excellente religieuse éprouvait encore une vive émotion en nous donnant ces détails. Il me semble, nous disait-elle, entendre encore d'ici ce formidable canon et voir tomber les saintes victimes qu'elle eut le bonheur de recevoir et de soigner. Elle a recueilli le soupir de plusieurs jeunes gens de nobles familles françaises dont les noms sont inscrits à Saint-Louis-des-Français à Rome, et leurs corps reposent sous les dalles du sanctuaire. Nous quittâmes la vénérable religieuse en lui adressant nos remerciements, puis nous allâmes faire visite au R. P. Rossignoli, au palais apostolique , superbe monument qui servait de demeure à l'évêque , au gouverneur de la ville, même au Pape, quand il venait à Lorette. Là, le R. P. nous congédia en nous parlant encore de la France, qui avait toutes ses sympathies.

Reliques rapportées de Notre-Dame-de-Lorette.

Nous avons fait l'acquisition de plusieurs photographies qui, encadrées, nous rappellent de temps en temps ce pélerinage ; plusieurs écuelles et tasses faites sur le même modèle que celles de la sainte famille, avec de la poussière de la sainte maison, c'est-à-dire avec les démolitions des portes qu'on a pratiquées dans le sanctuaire ou d'autres restaurations qu'on a été forcé de faire. Ces démolitions furent conservées précieusement et servent à faire ces objets vénérables. Nous les portâmes aux prêtres gardiens chargés de les bénir dans le vase même de la sainte Vierge et d'y apposer le cachet authentique. L'heure du train approchait; il fallut partir vite sans avoir visité la ville fort agréable, dont nous avions cependant remarqué l'air honnête et obligeant des habitants que l'on voit marcher gravement dans les rues, récitant leur chapelet.

Montés dans le train, nous nous mîmes de façon à distinguer la colonne commémorative des Italiens et à jeter un regard sur ces tombes abandonnées de nos malheureux compatriotes, enterrés çà et là sur le champ de bataille que traverse le chemin de fer.

Nous arrivâmes à Ancône à midi ; nous eûmes le regret d'apprendre qu'il nous fallait perdre là quatre heures que nous aurions employées si utilement à Lorette ; le train pour Rimini et Bologne ne partait qu'à quatre heures. Ancône, située sur le bord de la mer, est une ville assez importante par son commerce maritime ; son port représente ceux de nos villes de France ; nous profitâmes de l'occasion pour prendre un bain de mer qui nous fit grand bien, puis nous visitâmes un peu la ville, qui nous parut commerçante, à ses nombreux magasins de nouveautés et ses bazars à l'instar de Paris. Sur une place publique nous vîmes la statue en bronze d'un pape probablement originaire d'Ancône ; il lève la main pour bénir. Nous fûmes dîner dans un hôtel où l'on n'eût pas la conscience aussi délicate qu'à Lorette et à Assise ; du reste, il fait cher vivre dans cette ville. Nous prîmes, sans regrets, le train.

La route n'offrait aucun intérêt sur un certain parcours, quoique nous côtoyâmes toujours la mer et quelques villes importantes. Celle que nous appelions de nos vœux est Sinigaglia, bâtie dans la plaine, au bord de la mer ; la marche du train ne nous permit pas de voir la maison dans laquelle naquit Notre Saint-Père le pape Pie IX, le 13 mai 1792.

Je m'étais mis à la portière, afin de jeter un coup d'œil sur cette ville privilégiée ; mais je ne pus voir que plusieurs dômes et clochers. C'était sous l'un d'eux que le jeune Mastaï Ferretti avait grandi, comme le jeune Samuel, pour être un jour le grand-prêtre du Seigneur. De Sinigaglia à Rimini, la route est aride et n'a plus rien d'agréable une fois que l'on perd la mer de vue. Nous arrivâmes à Rimini vers les neuf heures, pour en repartir à près de onze heures. Laissant nos bagages en dépôt, nous parcourûmes un peu la ville, qui nous parut bien populeuse. Les cafés étaient pleins de *dandés* qui prenaient la limonade et la bière en fumant leurs cigares. A cette heure, les rues regorgaient de promeneurs, les femmes surtout y étaient nombreuses et respiraient l'air frais. Nous remarquâmes beaucoup de boutiques de perruquiers-coiffeurs et toutes pleines de pratiques, ce qui indiquerait que peu des habitants de Rimini se rasaient eux-mêmes. Nous étions surpris d'en voir autant. La soirée était étouffante, on manquait d'air dans les rues, il nous fallut faire comme tout le monde, entrer dans un café pour nous rafraîchir par des limonades et regagner la gare. Il y eut dans les premières années du pontificat de Pie IX un prodigieux tableau de la sainte Vierge qui fit beaucoup de bruit dans le monde entier ; on ne parlait que de la Vierge de Rimini.

Nous voilà en route pour Bologne, où nous arrivâmes vers deux heures du matin. Nous prîmes l'omnibus de l'hôtel qu'on nous avait enseigné, pour éviter les *faquins* ennuyeux qui encombraient la gare à cette heure ; il faut presque se prendre au collet pour se débarrasser de leurs importunes sollicitations de porter nos bagages. Le lendemain, 2 juillet, nous fûmes à l'église Saint-Dominique visiter le tombeau du saint thaumaturge, fondateur de l'ordre des Frères prêcheurs. C'est à Bologne que mourut saint Dominique, l'intime ami de saint François d'Assises, le 4 août 1221. La chapelle qui renferme ces précieuses reliques est tout en marbre blanc ; l'autel sous lequel repose le corps du saint est d'un travail admirable. Tout autour de la chapelle ce sont des médaillons en bas-reliefs représentant les principaux traits de la vie du saint. On y remarque celui touchant la résurrection d'un jeune homme, nommé Napoléon, mort sur le coup en tombant de cheval, que le saint ressuscita à Rome. Nous priâmes saint Dominique pour la France, qui fut le berceau de son ordre et le champ de son zèle, et dont les élections se faisaient le jour même.

Bologne présentait en ce jour un contraste frappant : une partie de la ville était pavoisée et ornée de tentures aux armes de Victor-Emmanuel et des inscriptions telles que *vive Rome capitale!* ou *vive l'unité italienne !* Tout un quartier était en fête et en remuement pour célébrer l'entrée triomphale du roi à Rome, le beffroi sonnait ; l'autre partie de la ville était pavoisée d'oriflammes aux chiffres de Marie. Les maisons étaient tendues de magnifiques tapisseries, de guirlandes de fleurs, des lustres étaient suspendus au milieu des rues. Le pavé était jonché de mousse et de fleurs effeuillées. Ainsi, l'un des quartiers représentait le triomphe de Victor-Emmanuel à Rome, et l'autre le triomphe du Christ à Bologne. L'ancienne église dédiée à la sainte Vierge avait été réparée avec grand soin par tous les artistes de la ville, qui avaient voulu prêter gratuitement leur concours et faire hommage de leur talent à la reine du ciel ; rien n'avait été épargné pour la restauration de ce pieux édifice, et l'évêque y reportait solennellement le Saint-Sacrement et en faisait la nouvelle dédicace. Une foule immense encombrait les rues où la procession devait passer ; on étouffait. La procession se composait de toutes les paroisses et toutes les corporations de la ville, ayant à leur tête toutes les symphonies et orphéons. Le défilé a duré plus de trois quarts d'heure. Nous sommes allés, de là, à l'église Saint-Grégoire, où nous devions revoir le jeune abbé que nous avions rencontré à Rome.

M. Luigi Ratta nous reçut avec la même démonstration, nous présenta à son curé et nous conduisit à son domicile pour y prendre des rafraîchissements ; il eût voulu nous retenir quelques jours pour nous montrer toutes les merveilles que renferme la ville de Bologne : ses tours penchées comme à Pise, ses temples majestueux, et surtout son musée de peintures, si renommé par ses chefs-d'œuvre de l'école bolonaise, et la belle église Saint-Luc, bâtie sur la montagne ; tous nos jours étaient pris avant de partir. **Couvent des Clarisses.** Nous allâmes au couvent des Clarisses pour vénérer le corps de sainte Catherine de Bologne, que les Bolonais appellent leur sainte. Cette sainte, issue d'une illustre famille, se fit religieuse dans l'ordre de sainte Claire ; morte en 1463, son corps s'est conservé sans corruption, revêtu de ses habits des pauvres Clarisses, et ce qu'il y a de particulier, c'est qu'elle est assise dans son siége et conserve toute la flexibilité de ses membres. Nous eûmes le malheur d'arriver au moment où cette relique n'était pas exposée ; il nous fut donc impossible de voir ce corps saint, qui attire à Bologne autant de curieux et de libres-penseurs que de pieux pélerins. On nous **Dévotion de M. Jules Favre.** racontait que M. Jules Favre, plus heureux que nous, avait pu voir et vénérer le corps de sainte Catherine, et qu'en présence des prodiges de sainteté dont il était témoin, il ne put retenir ses larmes. Les larmes de ce ministre, presque un moment dictateur de la France, avaient beaucoup édifié.

Nous quittâmes notre ami, aussi peiné que nous, qui, pour nous consoler, nous donna de précieux souvenirs de notre passage à Bologne.

Revenus à l'hôtel, nous dînâmes très-vite, afin de pouvoir prendre à temps le chemin de fer pour Turin. Les souvenirs de cet hôtel sont les lits où nous couchâmes, d'une largeur comme je n'en ai jamais vus, on y pourrait à six personnes assez facilement, et la courtoisie avec laquelle le maître et les domestiques nous conduisirent à l'omnibus que nous prenions à la porte, en nous souhaitant le bon voyage avec la plus exquise gracieuseté. En chemin de fer nous saluâmes en passant Modène, Parme, Plaisance, Reggis, Asti, le pays au bon vin, Alexandrie, enfin Turin, où nous arrivâmes à près de minuit. Nous descendîmes pour nous reposer quelques heures à l'hôtel où nous avions logé en allant, quoique nous n'ayons pas eu à nous en louer.

Le seul départ pour le Mont-Cenis et Saint-Michel était à six heures du matin, nous ne désirions pas le manquer. Nous nous fîmes réveiller à temps. Nous arrivâmes à Suze, dernière ville de quelque importance, faisant partie des États du roi de Sardaigne. Elle est bâtie dans les Alpes, aux pieds de rochers abruptes. Nous y arrivâmes à huit heures, pour en repartir à neuf heures. On visa nos passeports, et transporta nos bagages au train spécialement composé pour l'ascension. Je visitai seul la ville de Suze, qui possède une cathédrale, plusieurs couvents et églises. Je poussai mes excursions jusqu'à une petite chapelle construite dans la montagne, à l'extrémité de la ville, et appelée Notre-Dame-des-Miracles, par suite des nombreux prodiges qui s'y sont opérés. On y célébrait avec pompe la messe de la fête de la

Purification, remise au lendemain, à cause de la fête du Précieux-Sang, qui se célébrait le dimanche. Cette petite église solitaire peut à peine contenir cinquante personnes. Je pensais que là le bienheureux Labre avait dû venir prier aussi, peut-être même s'y inspirer de la lettre si pieuse qu'il écrivit à sa famille, et qui fut la dernière. Elle était datée de Suze. Nous l'avons vue à Rome. Je retournai vite à la gare, dans la crainte de manquer le train.

Le train s'ébranle, nous partons, une douce pensée se présente à l'esprit, fait battre nos cœurs, bientôt nous toucherons le sol de la patrie. Lorsque nous aurons de nouveau franchi les hautes montagnes, l'une des merveilles du monde, du sommet de ces monts, quel sublime spectacle va s'offrir aux yeux, quand le soleil éclaire ses glacières nous révélant les abîmes effrayants ouverts sous nos pieds ! En descendant, retrouverons-nous encore ces pauvres enfants pieds nus ? ces bonnes vieilles montagnardes se présentant à chaque station pour implorer la charité ? triste tableau des misères humaines !

La Flore du Mont-Cenis. — La flore du Mont-Cenis est une des plus variées, des plus curieuses des Alpes ; c'est aussi celle qui attire le plus grand nombre des amateurs de la botanique, qui passent des semaines entières à composer leurs herbiers de plantes rares dont la nature est si riche. Nous avions dans notre compartiment de Modène à Chambéry l'un de ces savants, aimable et sans prétention, dont la conversation apprend beaucoup, sans que rien n'indique l'enseignement. Tout lui était familier : la botanique, la physique, la géologie, la minéralogie ; il avait beaucoup voyagé, parcouru l'Italie à pied, et par conséquent beaucoup vu. Originaire du midi de la France, il était venu se fixer dans un petit village

Nos compagnons de voyage.

des Alpes, près de Modène, pour y vivre en solitaire et jouir de l'air pur des montagnes. Il nous raconta qu'il avait fait à pied le pélerinage de Rome, de Lorette et d'Assise. Les impressions diverses qu'il s'est plu à recueillir forment un fort volume ; il ne donnerait pas, nous disait-il, pour tout l'or du monde, ce précieux manuscrit, qu'il relit souvent et qui lui rappelle les plus beaux jours de sa vie ; chaque lecture, disait-il, lui valait un sermon. Nous avions dans le même compartiment de notre wagon une jeune personne, remarquable par sa tenue modeste et réservée, qui nous raconta des légendes fort intéressantes sur la cathédrale de Saint-Jean-de-Maurienne et sur le fait prodigieux qui l'a mis en possession d'un doigt de saint Jean-Baptiste. Cette jeune personne avait passé les Alpes comme nous, pour se rendre à Chambéry, où elle avait été pensionnaire.

Du point où nous étions, nous pouvions jouir d'un délicieux paysage, la vue des rhododendrons en fleurs et autres plantes se mariant au feuillage vernissé des châtaigniers fleuris, et des petits carrés de seigle épié, qu'une légère brise ondulait doucement à peu de distance d'une neige épaisse. Tout en contemplant les beautés de cette majestueuse nature qui élevait si bien nos âmes vers Dieu, nous arrivâmes à la station de Saint-Michel ; là, il y a deux heures d'arrêt.

Nous retournâmes à l'Hôtel de la Poste pour dîner et faire faire une restitution à notre maîtresse d'hôtel sur son addition. Par malheur, elle ne nous attendait pas et n'avait rien à nous offrir. Il fallut retourner à l'Hôtel du Chemin de Fer, où nous fûmes bien accueillis par nos hôtes, quoique un peu mécontents et étonnés de ce que nous faisions prix du dîner avant de nous mettre à table. Pour toute réponse, je me mis à fredonner la morale du renard honteux et confus, jurant un peu tard qu'on ne m'y reprendra plus. Satisfaits de nos réflexions, on nous servit de bonne grâce en nous priant de recommander l'hôtel aux voyageurs de nos connaissances.

Chambéry. — Adieux à nos compagnons de voyage.

C'est à Chambéry que les deux personnes, dont la société nous avait été si agréable pendant le voyage : le savant botaniste et la jeune fille pieuse et modeste, nous firent leurs adieux. De la jeune fille qui avait paru si heureuse lorsque nous lui fîmes voir la photographie de Pie IX , le bonheur fut complet lorsque nous remîmes en ses mains un chapelet béni par le Saint-Père. A la station de Chambéry, nous eûmes la satisfaction d'être débarrassés de la présence d'un sinistre compagnon de voyage qui ne prenait part à la conversation que pour vomir d'affreux blasphêmes contre Dieu et les saints. Il avait insulté en passant la statue de la vierge si vénérée de Monmélian, injures que la jeune fille réparait publiquement par une prière et un signe de croix.

De Chambéry, nous traversâmes la Savoie avec le même charme, et revoyant les montagnes avec leurs souvenirs. Nous fîmes notre souper de quelques provisions italiennes et du vin rapporté de Saint-Michel.

De Saint-Jean-de-Maurienne à Paris.

Après Saint-Jean-de-Maurienne , le nombre des voyageurs avait augmenté à chaque gare de Savoisiens descendant des montagnes pour revenir à Paris, qu'ils avaient quitté avant le siége ou pendant le règne de la Commune ; la plupart étaient charpentiers. Ayant changé plusieurs fois de train, nous arrivâmes à Macon dans la nuit du 4 juillet. Là, une halte de deux heures nous était imposée, sans autre moyen de repos que l'entrée du buffet. Tandis que tous les habitants se livraient aux douceurs du sommeil, je me rappelai quelques émotions de mon premier voyage , en revoyant dans le lointain la silhouette des vieilles tours de l'antique cathédrale. A Dijon, nous descendîmes quelques instants ; il était six heures du matin ; huit heures de marche nous séparaient encore de Paris. Nous revîmes avec bonheur ces pampres verts qui couvraient les côteaux de la Bourgogne et ses magnifiques campagnes chargées de moissons. Avant d'arriver à Sens, le train se ralentit ; on s'interrogeait avec inquiétude, se demandant ce que cela voulait dire.

On arrêta, et l'on sut qu'un enfant de six à sept ans , s'étant appuyé contre la portière, était tombé sur la voie. Sa mère restait anéantie de stupeur. Le père, n'écoutant que son courage et bravant tout danger, avait sauté du train pour secourir son enfant, qu'il croyait sans doute broyé par le passage du convoi ; on comprend quelle fut sa joie en reconnaissant que l'enfant ne s'était fait d'autre mal, en tombant, que quelques ecchymoses. Tout le monde sortit du train pour voir le pauvre petit miraculeusement sauvé, et féliciter les parents de leur bonheur.

Le train s'ébranla de nouveau ; de grandes explications et des enquêtes eurent lieu à la gare voisine sur la cause réelle de l'accident ; on frissonnait en pensant au spectacle que nous pouvions avoir sous les yeux. Nous arrivâmes à Paris, suffoqués par la chaleur, sans autre incident qu'un retard d'une heure, à cause du nombre des voyageurs qui montaient en route pour revenir à Paris. Là, le train, comme celui de Rome, à notre arrivée était bien un véritable vomitoire.

La foule était grande au débarcadère ; tous les moyens de transports, voitures, omnibus, tout était pris d'assaut ; nous gagnâmes de vitesse sur nos concurrents, et saisîmes la première voiture en vue. Nous n'arrivâmes à l'embarcadère de la rue d'Amsterdam que juste à temps pour prendre nos billets. Le train qui nous emporte ne doit s'arrêter qu'à Rouen. J'ai bien regretté en passant devant Pont-de-l'Arche de n'avoir pu m'y arrêter pour transmettre au vénérable curé la bénédiction que le Saint-Père m'avait donnée pour le pasteur et son troupeau, et aussi de n'avoir pu, près de la même station, visiter un presbytère dans lequel j'ai passé de bien joyeux jours de vacances ; j'aurais été heureux d'embrasser le bon curé d'Alisay et de lui offrir, en échange de l'hospitalité qu'il accordait avec tant d'empressement, les prémices de notre voyage et de nos souvenirs de Rome. Il était huit heures quand nous arrivâmes à Rouen, terme de notre voyage.

ÉPILOGUE.

Voilà notre pélerinage accompli.

Au départ nous avons invoqué le saint nom de Marie : *Ave, Maria, auxilium christianorum,* le secours de la Reine des cieux nous a constamment protégé. Au retour, c'est encore le divin nom de la sainte Vierge que nous invoquons pour le glorifier et lui rendre grâces. Une pensée de pieuse reconnaissance s'élève de nos cœurs quand nous reportons nos regards en arrière; alors une rapide revue de nos souvenirs affirme que jamais voyage ne pouvait s'accomplir dans de meilleures conditions, avec plus de succès et plus heureusement.

Pendant notre long trajet d'une extrémité de la France au centre de l'Italie, aucun obstacle ne s'est opposé à notre marche.

Ce pélerinage, le plus cher de nos vœux, se réalisait sous les auspices les plus favorables. Nous étions dans la saison des beaux jours, où la nature revêt ses plus riches ornements, ses plus brillantes parures, où tous les objets se présentent sous l'aspect le plus séduisant, brillants tableaux, charmants paysages, que la marche rapide du train incessamment varie. Nous nous arrêtions aux points fixés par notre itinéraire, partout où nous avions un devoir de piété à remplir; c'est ainsi que nous avons pu visiter les cités les plus remarquables placées sur notre route. Au sommet des monts qui séparent la France de l'Italie, nous avons adoré le Tout-Puissant dans toute sa splendeur, dans ses œuvres qui frappent l'esprit d'admiration, car le Ciel n'est pas seul à raconter la gloire de Dieu (1), la terre a aussi ses merveilles, qui attestent sa puissance, et grâces encore soient rendues à Dieu! L'exaltation que la vue de ces merveilles excitait en nous n'y était pas retenue par une fausse réserve devant l'attitude indifférente ou railleuse de notre entourage, notre bonne fortune nous avait donné d'honnêtes compagnons de voyage, partageant nos convictions religieuses, comme nous se rendant à la ville éternelle pour s'agenouiller aux pieds du Souverain-Pontife, le père des chrétiens, le Vicaire du Christ, le représentant sur la terre de Celui qui a fait et le ciel et la terre.

Nous l'avons vu, le digne successeur du Prince des Apôtres, il nous a accueilli avec cette bonté paternelle qui lui gagne tous les cœurs. Nous avons reçu de ses mains la sainte communion. Il a donné aux deux pélerins prosternés à ses pieds sa précieuse bénédiction pour eux, pour les leurs, leurs amis, ceux au nom desquels ils étaient venus, enfin pour la France, notre malheureuse patrie, dont les enfants n'ont pu ni défendre le territoire, ni conserver au légitime possesseur le domaine imprescriptible de saint Pierre.

Notre pélerinage nous a mis à même de voir, d'admirer tout ce que la capitale du monde chrétien et plusieurs autres grandes cités de l'Italie renferment de merveilles enfantées par les arts comme un hommage à Dieu, de toucher les trésors précieux de la foi, les saintes reliques recueillies pour transmettre de siècle en siècle le témoignage du courage des défenseurs des vérités du christianisme; nous avons rapporté dans toute leur simplicité les légendes, les récits, les traditions qui se rattachent à l'origine des grands monuments, des édifices religieux, acceptant dans un sentiment de

____

(1) Cœli enarrant gloriam Dei.

piété et de soumission tout ce que l'Eglise admet et reconnaît.

En quittant la ville sainte, sainte encore, quoiqu'elle soit livrée aux profanes, et que l'auguste chef y soit captif, nous avons éprouvé une émotion profonde. Tout le passé des quelques jours de notre séjour a traversé notre esprit ; alors un sentiment de bien vive reconnaissance s'est élevé dans nos cœurs pour toutes les personnes qui nous ont prêté aide et assistance, celles qui ont concouru avec nous à l'accomplissement de l'œuvre de piété que nous nous étions imposée, et dont nous nous étions volontairement chargés. Grâces leur soient rendues à tous avec l'expression la plus vive de notre reconnaisance, en plaçant en tête le bienveillant et digne évêque de Nevers, Mgr Forcade, qui a été en toute circonstance notre empressé protecteur. Enfin, nous voilà au port, le cœur content, notre vœu est rempli ; nous voilà au port, l'esprit plus calme, mieux éclairé des lumières de la foi, et notre âme munie de ce saint viatique qui sera notre guide et notre soutien en ce monde, et l'espoir d'une autre vie. *Deo gratias !*

APPENDICE.

Page 11, 2ᵉ ligne, la phrase doit être ainsi rectifiée : On nous conduisit à la chapelle latérale, où se trouve la châsse de sainte Chantal.

Même page, 2ᵉ alinéa, 3ᵉ ligne, ajouter : de velours noir.

Page 28, 2ᵉ alinéa, 14ᵉ ligne, la phrase qui suit doit remplacer l'autre : Le capitaine des gardes-suisses venait pour recevoir ses compatriotes.

Page 29, dernier alinéa, 3ᵉ ligne, au lieu du nom de Saure, lire : nom de Sauve.

Page 32, dernier alinéa, 3° ligne, au lieu de : est à droite, lire : est à gauche.

Page 34, 2° ligne, au lieu de : pendant, lire : après.

Même page, 2° alinéa, 5° ligne, au lieu de : le plus important personnage de Rome, rectifier ainsi la phrase : le père Beckx, qui est l'un des plus importants personnages de Rome.

Page 41, dernier alinéa, 5° ligne, au lieu de : Juivini, lire : Juiverie.

Page 45, 2° alinéa, 18° ligne, remplacer maître-autel par autel du Saint-Sacrement.

Page 53, 12° ligne, changer le 12 en celui de 13.

Page 57, 4° ligne, retrancher le mot noire.

Page 57, 2° alinéa, ce qui a rapport au présent fait par Sa Sainteté à Mgr de Nevers n'y est pas complètement exact. Ce passage doit être modifié par l'explication qui suit :

Sa Sainteté a bien célébré, ainsi qu'il est dit, la messe avec la croix pastorale qu'Elle destinait à Mgr de Nevers, et, ce qui est digne de remarque, Elle s'en est servi, le 21 juin, pour la messe du xxv° anniversaire de son couronnement ; mais il importe, pour être tout-à-fait exact, de rappeler que ce n'est pas le pape qui a passé *lui-même* le cordon de cette croix au cou du prélat, à la fin de sa messe ; il se contenta, comme on nous l'avait fait remarquer ultérieurement, de l'envoyer à l'évêque, à la place qu'il occupait dans la chapelle, par l'un des chapelains qui l'avaient assisté à l'autel ; ajoutons que ce ne fut pas le chapelain qui la lui mit au cou. On comprend que le digne prélat, distingué par le Saint-Père, cédant à un empressement qu'il est facile de concevoir, en tenant compte de l'émotion qu'il dut éprouver, ne laissa pas ce soin au chapelain, et que, s'emparant vivement du précieux présent, il se passa lui-même au cou la chaîne. Dans tous les cas, Mgr de Nevers l'avait au cou à la fin de l'action de grâces. Avant de se retirer, le pape vint trouver l'évêque au lieu où il était agenouillé, et lui adressa quelques mots aimables.

Page 60, dernier altnéa, 1re ligne, au lieu d'antérieur, lire : ultérieur.

Page 64, émargement à rectifier ainsi : Messe dans la chapelle de la prison Mamertine.

Page 84, 2° alinéa, 8° ligne, remplacer : après l'office, par : avant la messe.

Page 94, 2° alinéa, 3° ligne : le pape Libère, au lieu de : Libin.

Neufchâtel. — Imp. Th. Duval.